全国2954峠を歩く

峠研究家 中川健一

目次

全国2954峠を歩く

編集協力／押田雅博
デザイン／カラーズ

絶対行きたい峠120 …… 84

僕がまわった峠リスト2801 …… 145

峠っておもしろい！

峠は歴史を感じさせるタイムカプセル

普段は何気なく車で通りすぎてしまう峠。一般的に峠のおもしろさはあまり知られていない。でも、その峠の上の方には、太古の時代から人々が通っていた旧道の峠が残っているなど、峠は歴史を感じさせるタイムカプセルといえる。例えば、天城峠のトンネルの上には、川端康成の『伊豆の踊子』で踊子たちが歩いた隧道や昔からの天城峠がある。

峠道は、時代によって新しいものが作られてきた。旧道のほか、明治時代から平成時代に掘られた隧道やトンネルを含めると、第2世代、第3世代、また、それ以上の世代の峠道が今でも同時に存在する。多くの人は新しい峠道しか知らないのが現状だ。

峠は物資を運ぶ道であったほか、軍事、信仰の道として使われていた。峠にある地蔵尊の裏にある年代表記を見ると江戸時代もしくはそれ以前のものもあり、いきなりその時代にタイムスリップしたような気分にさせられる。

峠が戦争の舞台になったことも多い。国境《くにざかい》にある峠は、自国を守るために敵からの攻撃を食い止める場所になっていた。また、峠を越えてくる敵の動きを山の上から監視するのにも格好の位置にあった。峠は、タイムマシーンに乗らなくても、その時代のことが入場無料で楽しめる場所なのだ。

峠を越えると文化が変わる

また、峠を越えると、文化がまるで違っているのがおもしろい。言葉も違えば、家の造りも食べているものもまったく違う。峠の表と裏では雪の降り方も違っているので、衣食住すべてが変わってくる。食べ物も雪が多いところは、自然と保存食が多くなっている。

民族学者の柳田國男は、「頂上に来て立ち止ると必ず今まで吹かなかった風が吹く。テムペラメントががらりと変る。単に日の色や陰陽の違ふのみならず、山路の光景が丸で違ってゐる」と『秋風帖』に峠のことを書いている（テムペラメント＝精神的素質）。峠越えで両地域の文化の変化を楽しむのも一興である。

建築には地盤が大切

僕が峠めぐりを始めたきっかけは、建築には地盤が大切だと感じたからだ。

僕は大学卒業後、建築・土木資材メーカーである岡部株式会社に入社。会社の仕事に応じて一級建築士などの国家資格、準国家資格を取り、徐々に建築の世界にのめり込んでいった。また、全国の自社の土地を50カ所以上管轄してチェックするうち、安全な建物を造るには、地盤が重要だと感じていた。特に大地震などの災害を考えると、断層のことを理解しないといけないと思っていた。

峠こそ断層が見える場所

あるとき、長野県下伊那郡にある大鹿村中央構造線博物館を訪れた。学芸員の方が1時間以上にわたり、つきっきりで日本列島の生い立ちや中央構造線および一般の断層との違いなどを教えてくれた。その影響を受け、ぜひとも断層帯が地表部に露出している部分（露頭）を見てみたいという思いに駆られ、見やすい部分はどこかと探し始めると、それが、「峠」であった。特に昔手掘りしていた峠は切通しになっていることが多く、道の左右の壁から地層がよく見える。まず中央構造線にある峠を列記することから、峠の調査が始まった。

10年間で約３０００カ所の峠を制覇する

日本には３７７３の峠が存在するが、その中には、山岳の峠や離島にある峠、廃道になった峠もある。山岳や離島の峠には、峠越えによる文化の違いがあまりないので省き、２００８年より２０１７年までの10年間で、普通の人が歩いて行ける２９５４カ所の峠を完全制覇することができた。

本書では、この２９５４峠の中から、今でも人の暮らしの歴史が刻まれた、ぜひ行ってみてほしい峠を厳選してお伝えする。今までにない新しい旅「峠を楽しむ旅」へ出かけよう。

大鹿村中央構造線博物館

旧峠道は左右の地層の状態がよくわかる（和歌山県　六郎峠）

峠の楽しみ方――奥深い峠の魅力

峠とは何か

峠《とうげ》とは、山に向かって坂道を登り、登りから下りに変わる場所である。「たわ」「たお」「とう」ともいう。したがって、同じ山道にも峠はひとつだけでなく、複数存在したりする。基本的には山並みを越えやすい低い場所のことだが、片側だけ登りで平坦な場所に出る峠を片峠という。

山の稜線を基準にしている山岳用語では、鞍部《あんぶ》（コルともいう）や乗越《のっこし》などと呼ばれるが、キレット（山稜上の大きな切れ目）とは異なる。

峠の語源は、『万葉集』に「多武気」と出てくるように、当初「たむけ」と呼ばれていた。もともと峠には道の神がいると考えられ、峠を通行する者が峠越えの安全を願って神に物を供えていたからだ。「たむけ」とは「手向け」で、神に供える意味がある。平安時代後期から和歌や書物などで、「たむけ」の変化形である「たうげ」が盛んに使われるようになり、さらに「とうげ」へと変化した。「峠」の文字は、山に上と下を組み合わせた日本独自の漢字「国字」である。

峠は、峠のほか坂、越など時代や地域によりさまざまな標記が使われてきた。中国地方や四国地方では垰《たお》、屹《とう》、嵶《たわ》などと独自の読み方をする地域が集中しており、国土地理院の2万5000分の1の地図にもフリガナ標記で出

旧道は狭く曲がりくねるが、自然災害に強い（三重県　剣峠）

てくる。これらの読み方は、山並みの稜線が湾曲に撓《たわ》んでいることから来たものが語源といわれている。

峠は3つに大別できる

　九州大学大学院の服部英雄教授は、歴史学的な峠の用途別区分を3つに大別している。

物流の峠　生産者と消費者を結ぶ道にある峠。長野県の塩の道などに代表される。

軍事の峠　関所や戦いの場となって自藩を守った道にある峠。目的地を最短距離で結んでいることが多い。

信仰の峠　霊場と社寺に至る道にある峠。険しい山を祈願のために越える。

　この用途区分は大変明快だと考える。また、乗り物の区分による用途が示されているのも特徴的だ。牛で通行するのが「物流」、馬で通行するのが「軍事」、人が徒歩で通行するのが「信仰」である。この本の中でも、大きく分けてその3つに分類している。また、これらの用途区分は、時代の変遷とともに変化している。

歴史が教えてくれるもの

　峠に行く理由にはいくつかある。「目的地に行くために峠を越える」「峠から見える美しい景色を観る」「歴史的背景から見る峠の物語を知る」などだ。例えば、絹や塩などの産物を売るためには、山を越えて隣の村まで行かなければならない。そういう物資を運ぶ場合は、山の鞍部である峠を抜けて売りに行ったものだ。また、峠からの素晴らしい眺望や意外な景観は、人々の心を癒してくれた。そんな峠を訪ねると、険しい道を必死の思いで運んでいたことがよくわかる。

手掘りで掘った旧道は味わい深い（栃木県　須花峠）

　また、峠には決まってといっていいほど峠の茶屋がある。険しい山を登ってきた旅人がゆっくりお茶と団子を楽しんで体を休める場所だが、単に茶屋ではなかったらしい。険しい峠越えをして体調を崩したときの避難小屋にもなっていた。そのため江戸時代は幕府から茶屋に米が支給され、茶屋の主は武士のような階級が与えられていたといわれる。

　峠は軍事に使われてきた。一例としては、宇津ノ谷峠。豊臣秀吉が小田原征伐の際に侵攻しやすいように整備したもので、現在は旧東海道になっている。雁坂峠は、武田信玄が軍用道路として作ったものである。また、峠が国境になっていることも多く、戦国時代には、多くの武将たちによる国盗りの戦さの舞台となった。幕末時代には、明治政府を樹立した新政府軍と、旧幕府勢力および奥羽越列藩同盟が戦った戊辰戦争でも多くの峠が戦いの場になった。新潟、山形、福島の峠には戊辰戦争の戦いの碑が軒並み残っている。

信仰のために越えて行った峠も数が多い。特に金毘羅さんや四国八十八カ所めぐりの道となっている四国や熊野本宮大社に向かう熊野古道には、信仰のために難行苦行をして越えた峠がたくさんある。京や奈良で戦に敗れた人は高野山や吉野に逃れ、熊野古道を通って最終的に熊野本宮大社を目指していたようだ。

また、山岳信仰が根強かった時代には、山伏の格好をして急峻な岩山を登っていたが、峠はその舞台ともなった。

地蔵や道祖神も見どころ

峠には、お地蔵さまなどの道祖神や馬頭観音なども多く見られるので、これらを見るのも峠めぐりの楽しみのひとつ。道祖神は、集落の境や村の中心、村内と村外の境界や道の辻、三叉路などに石碑や石像の形態で祀られる神で、峠に設けられたことも多い。峠では、交通安全の神として信仰されている。

また、馬頭観音もたくさん建っている。近世以降、国内流通が活発化するに従い、馬が移動や荷運びの手段として使われていた。物流の峠では基本的に牛が使われていたが、馬も多かったのだろう。急峻な峠道を必死に登って急死した馬の供養塔として、建てられた証だろうか。

徳島県小鳥峠地蔵尊

栃木県羽鶴峠立木峠

鳥取県蒲生峠地蔵尊

峠は生き証人

歴史の移り変わりによる峠道の変化を見ることも、楽しみのひとつだ。

主要街道であれば、奈良時代の官道（伝場の道）、鎌倉時代以降の軍事の道、江戸時代の参勤交代の道、明治時代の煉瓦づくりの隧道、昭和初期のコンクリートづくりの隧道、昭和後期の広くて長い国道のトンネル、平成時代のバイパスやトンネルなど。時代を追って峠の周囲の道は変化してきている。

奈良時代に作られた古道にある峠（静岡県　宇津ノ谷峠）

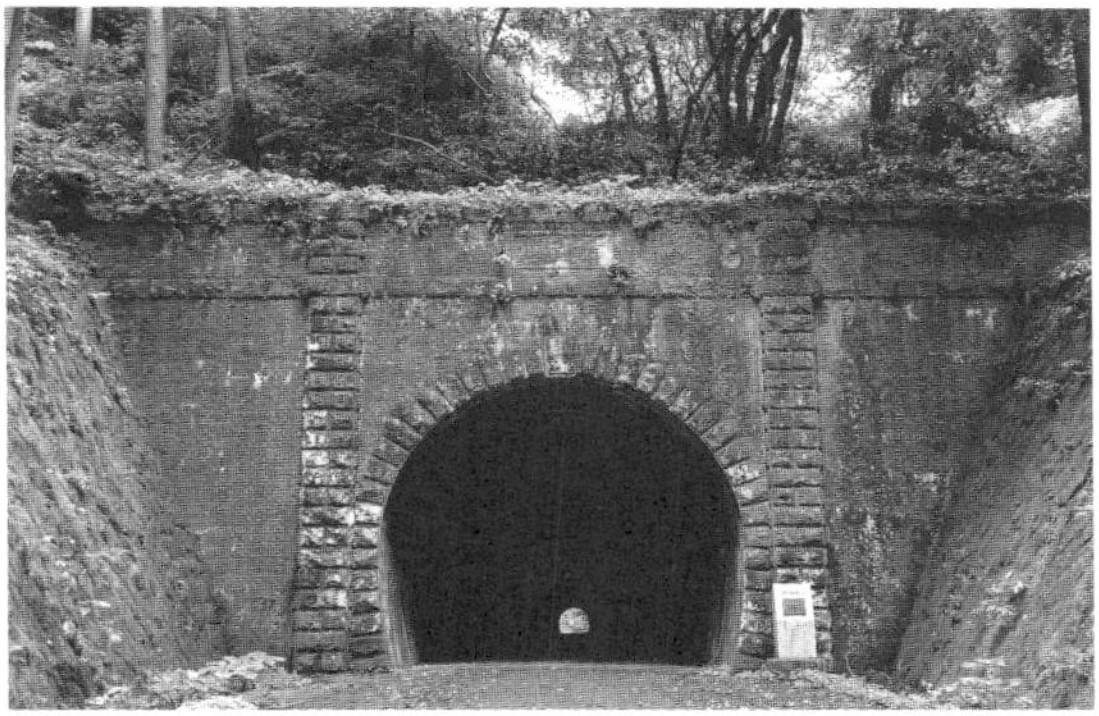

明治に作られたトンネルは、ほぼ全部が同じデザインになっている
（熊本県　津奈木太郎峠）

主要道路であればあるほど、建設当時の景観や建築様式など、歴代別に遡って見ることができるのも「峠」の魅力といえるだろう。

時代とともに、次第に徒歩で歩く峠と乗り物で行く峠に分かれていく。

旧道といわれる古道と現在使用しているトンネルの道路がある2世代。このタイプは、数えることができないくらい無数に存在する。古道・旧道・現道のトンネルがある3世代、古道・旧道・旧隧道・現トンネルの4世代。最大は5世代であるが、同じ峠を中心として実質的に6世代という峠も存在する。静岡県にある宇津ノ谷峠だ。

さまざまな時代の「峠」を見ることは、それぞれの時代に起きた出来事やその場所を通行してきた昔の人々の姿を想像させ、「峠」は現在も「生き証人」として存在している。

登山の目的は「達成感と征服感」だが、峠の魅力は「満足感と充実感」。歴史を超えて今の時代にも生きている辞書ともいえる。

日本の峠は約3773。なぜこんなに多い

日本に峠が多い理由は、国土の形にある。南北2000㎞に及ぶ形状は、海峡により4つの島に分断されている。

中央部を走る脊梁《せきりょう》山脈が、北海道から九州まで各地域の中央部分の東北・西南方向に連なっていることで、平野は海岸線沿いの狭いスペースしかない。一方は海だが、三方を山に囲まれた山間盆地のような形をしている。日本で広いといわれる平野は5つ（石狩、関東、濃尾、大阪、筑紫）と少ない。

隣町に行こうとすれば、必ず「峠」を越えなければならず、必然的に移動するための道として整備されてきた。

また、多くの人々が通行しやすいように改良し、荷物を積んで越える牛や馬などのために勾配をゆるくしたり、荷車のために道幅を拡張したりしてきた。極力越えやすい場所を探して道を作っていたが、昔の峠の道はおしなべて標高が高く、近代になるにしたがって標高が低くなってきている。

また、トンネル建設の技術は年を重ねるごとに高度になり、インフラ整備の核としてより充実してきている。標高も一般道に近い高さに抑えられ、トンネル内のアップダウンもなくなりトンネルの長さも長くなってきている。

古い峠を訪ねてみると、大変美しく保たれている峠と荒れている峠がある。美しく保たれている峠は、地元の人々の努力によって手入れがされていることが多い。地域のボランティアや教育委員会の人々が、郷土の歴史的な遺産・遺構を守るために日夜維持管理をしている姿には、頭が下がる思いだ。峠によっては、地元の方々が道標や標記を設置して、歴史を後世に伝えている。「峠の美しさとは、雄大な自然であるとともに、峠を手入れする人々の愛情が調和して初めて語られるものである」と思っている。

日本の峠が消えていく

高度成長期から産業廃棄物の不法投棄が問題となってきた。多くの被害を受けたのが都市近郊の旧道の峠である。不法投棄を防止するため、峠入口にゲートが設置されたほか、投棄されやすい場所は、自動録画の防犯カメラなどが設置されている。大自然と調和している峠の景観に、これらの装置を設置することに違和感を覚えざるを得ない。大変残念なことだ。産業廃棄物に限らず、ゴミは必ず持ち帰るが鉄則である。

自然に還ろうとする峠もある。道路を構築しようとすれば必ず法面（切り土や盛り土により作られる人工的な斜面）ができるが、通常、崩壊を防止するために石積みやコンクリートの擁壁にすることが多い。また、勾配がゆるい場合は、緑化を施すこともある。吹きつけなどによる緑化は、3種混合の種子（ケンタッキー、ラブグラス、ク

美しい大自然は閉鎖されている峠かも（北海道　小車峠）

自然に還ろうとする廃道化する峠（北海道　於鬼頭峠）

ローバー）を用いることが多い。

以前、緑化技術者と話したとき、初期は3種混合種子の生育が早く根づくが、7〜8年経つと地元の草類にとって代わり始めるという。その後、木本《もくほん》類《るい》が生育してすべて地元の植生類に覆われて、まったく違和感がない状態になるといわれている。

峠の道は、使わなければ、まず初めに苔むしていき、その後アスファルト舗装面に小さな亀裂ができる。さらに風雨などにより、落ち葉や枝などが堆積し、亀裂の中に種子が根づいて亀裂はさらに大きくなって進行していく。草類であれば、タイヤのスリップに注意しながら車で走行することは可能であるが、蕗《ふき》などの草が車のボンネットの高さにまで生育してしまうと、走行不可能になる。特に春明けの北海道の林道などは注意が必要だ。こういう車が入れない道はやがて廃道となって自然に還っていくのである。

「山を知って道を通す」

2011（平成23）年8月30日〜9月6日にかけて、台風12号が紀伊半島で記録的な豪雨をもたらした。三重、奈良、和歌山では洪水や土砂災害が多発し、山腹の斜面では大規模な深層崩壊が発生した。土砂が河川を堰き止めて天然のダムとなり、土石流の発生が懸念される危険な状況で、国土交通省が大型ポンプ数台で発生を防止した。

その2年後、峠の調査に訪れたが、その爪痕を見てとんでもないことに気づかされた。年代が新しい道路ほど被害が深刻で、古い旧道の峠道は、ほとんど無被害なのである。利便性を求めて、技術力で山の斜面をいじめて直線的に施工された現代の道路。それに比べ、山を知っている人々が、狭く曲がりくねって作った古い道は無被害に近い状態だった。古い道は、水を逃がす方向や降雨量などの気象現象、地層の特徴を理解して造られたからだろう。

その差をまざまざと見せつけられた。技術を過信したり、利便性を優先させたりするだけでインフラ整備をする時代は終わらなければならないと思った。

幻想的な峠（和歌山　コカシ峠）

幻想的な峠といたくない峠

私は今まで数多くの峠を越えてきたが、「森の妖精」や「ましら」など、山怪と呼ばれるものに会ったことはない。

いたくない峠（和歌山県　香ノ塔峠）

幻想的な峠は、大変綺麗で荘厳な雰囲気で心も落ち着くし、心が洗われる思いになる。国道371号線（高野山龍神スカイライン）南部、和歌山県すさみ町にあるコカシ峠（県道36号線）は、幻想的な峠の代表ともいえる場所だった。鬱蒼《うっそう》とした森林の中にある大変美しい峠で感動をした。

しかし、気味が悪くて、すぐに立ち去りたいと思う峠もある。

コカシ峠から西側にたったひと山越えただけの峠なのに、香ノ塔峠（県道225号線）はとても気味が悪かった。この場所には、一瞬たりともいたくない、写真を撮ったら急いでその場を立ち去りたい思いになった。3000近くの峠を訪ねてきたが、こんな怖くて嫌な気持ちになったのは、この峠が初めてだ。山でキャンプをする人からも「ここではテントを張りたくない」と場所を変えた話は聞くが、やはり峠には何かが宿っているだろうか？

僕は、峠を訪れることを許していた

だいた感謝をあらわす意味で、峠に鎮座するお地蔵さま、馬頭観音、祠《ほこら》などには、必ず合掌と礼拝を手向けている。

震災後の峠の姿

2011(平成23)年3月11日、東日本大震災は東北地方の太平洋岸に多大な被害をもたらした。僕は若い時代に会社の仙台支店に11年間いたことで、東北は第2の故郷と思っている。大震災の翌々日には支店を訪れ、社員や家族の安否の確認や支店の被害状況の把握などを行い、本社からの支援体制の指揮に務めた。

そのとき、被害に遭った岩手県や宮城県の沿岸線の実態を視察したい思いに駆られ、その後、夏季休暇に2年かけて東北地方を重点的にまわってみた。

東北地方は、青森県の八甲田山から八幡平を代表とする岩手・秋田県の県境にある奥羽山脈、そして蔵王へと続き、山形・宮城県の県境へと連なっている地形である。宮城県蔵王町の山の中の峠をバイクで走っていると、震災による液状化の影響で、波うち現象になっている路面と出会い、崩落した林道も数知れなかった。四方峠では、直径60cmほどの大きな石が地面から50cmほど離れた場所に、地面をかすらずに飛んで移動していたのを見て、地震のパワーのすごさを思い知らされた。秋田県から岩手県に向けた林道では、少しずつ亀裂が入り始め、太平洋岸に近づく峠ほど、その亀裂の幅は広がっていた。バイクのタイヤの幅以上の亀裂になってきて、もしも溝にタイヤを落としたら脱出できないと思うほど、亀裂は広く深くなっていく。

また、岩手県大船渡市にある羅生峠の林道は大荒れの状態で、地面が太平洋側に引っ張られていることが確実に目視できた。後日の発表では、宮城県牡鹿半島は東南東方向に約5・3m水平移動したことが確認されている。

しかし、海岸線に出ると、赴任中の11年間にずっと見てきた海は、人々の命と生活を奪った津波の発生を詫びるかのように、真っ青な海であった。

それは、養殖などにより少しグレーがかった海の色とはまるで違う青さだった。その青さと陸地の建物の茶色一色の色のコントラストに胸を痛め、思わずバイクを路肩に停めて、ヘルメットのスクリーンについた涙を拭いた。

峠が教えてくれるもの

峠は、いわば生活・文化の境界線になっていた。峠を越えると、違う世界が見えてくるのである。そして、断層帯にあることが多い峠は、日本国土の特異な景観を作り出す要因にもなっている。何千もの峠を訪ね歩き、大自然が持つ想像を絶するパワー、神を崇める畏敬の念、そして数々の武将たちがここを越え、戦をした歴史の重みをひしひしと感じた。峠は、さまざまなことを私たちに教えてくれる。

効率良くまわるために乗り物に工夫を重ねた

ロードバイク（埼玉県　天神峠）

トライアルバイク（埼玉県　天神峠）

事前準備が最も重要

基本となる地図は、バイク乗りご用達の昭文社のツーリングマップル。これで大体の位置を探し、ピンポイントで目的地を特定するために、ネットで探索をした国土地理院の2万5000分の1の地図を印刷し、どのルートから峠を目指して進入するのがいいか、小型カーナビなどに入れ、最短距離で峠をめぐる方法を検討した。ここで重要なのが、ネットや地図の事前調査で、路面状況を把握すること。舗装、林道、砂利道、登山道のどの道にあたるかを調べ上げることで、一日に踏破できる峠の数が決まってくる。走破目標の峠数や宿泊先場所などを念入りに検討しなければならない。1日で最も多く訪ねた峠の調査数は20峠だが、平均は7峠程度、徒歩で踏破する場合は1日1峠しか登頂することはできないと考えた方がいいだろう。

5分の3はバイクを使用

機動性や走破性にも優れているバイクは、今回の峠調査の5分の3の場面で活躍してくれた。バイクの最大のメリットは、休日の渋滞からの回避ができること。

峠調査を開始した当初は、ＢＭＷのロードバイクＲ１１００Ｒ、ＨＯＮＤＡのトライアルバイクＴＬＭ２２０Ｒの２台のバイクを所有していた。なかでもＢＭＷの大型ロードバイクを最も活用。しかし、舗装道路や高速道路では無敵で楽だが、こと山道に入ると重い車体とタイヤがロード用のため、転倒しないかと気づかって神経を使う。また、トライアルバイクは階段や高さ50㎝程度の段差などもともしない。しかし、スピードは出ず、燃料タンクが小さいのが難。そこで、2台のバイクを下取りに出し、峠調査用に大型エンデューロバイクＢＭＷ　１２００ＧＳを買うことにした。

高速道路や一般の舗装道路では、ロードバイク並みに動力性能に優れ、砂利道の林道も走行が可能な万能バイクだ。しかし。問題は車体が重いこと。積雪路面や足元が滑る路面などで転倒した場合、起こすのは至難の業だった。

エンデューロバイク（群馬県　横尾峠）

乗用車（岡山県　真似男ヶ峠）

効率良くまわるために乗り物に工夫を重ねた

登山道で活躍した電動自転車

やがて自宅の近くの峠から北海道や九州など遠いところの峠も訪ねることになる。峠への距離が延びるということは日数がかかることを意味する。天候の変化に対応できなければ、快適な峠まわりができない。そのため、遠距離には乗用車を使用するようになる。

そこで、考えたのが車に自転車を積んで現地に向かうことである。行く場所に制限がなく、体力がある限りは山岳峠の走破も可能で、林道や崩れた場所でもかついで越えることができる。ただし、荒れた上り斜面でバランスを取りながら、こいで登ることは無理。何とか自転車（ＭＴＢ）の簡便性と長いサスペンションを活かした方法はないかと考え、電動アシストつきのＭＴＢを手に入れた。

フル充電により4時間30分は走行が可能で、段差に対してはトライアルバイクをしのぐ性能で、排気音もなく、登山者に嫌われることもない。

そして、最後に行きついたのが、日常の足代わりとして軽自動車の四輪駆動車（４ＷＤ）のスズキＪｉｍｎｙ。軽自動車の４ＷＤは、目的地へ行くまでは運転はつらいものがあるが、狭い峠の林道や山道の幅は狭く、圧倒的に軽トラックサイズのスズキＪｉｍｎｙが有利なのだ。後ろの座席を平らにし、助手席にシートを敷き、電動自転車の前輪をはずしてそのまま収納できる。軽四輪駆動と電動自転車の組み合わせが、僕の峠調査の最終仕様となった。

もちろん有名な峠の登山道は徒歩で踏破することとなるが、徒歩が最強であることに変わりはない。現役時代はなかなか遠出ができず、退職後に一気に風来坊のように山を走りまわってきた。車に工夫を重ねた結果、２９５４峠を短期間で制覇できたわけである。

電動自転車
（山梨県　大菩薩峠）

軽四輪駆動車
（山口県　浮野峠）

厳選峠！
33の物語

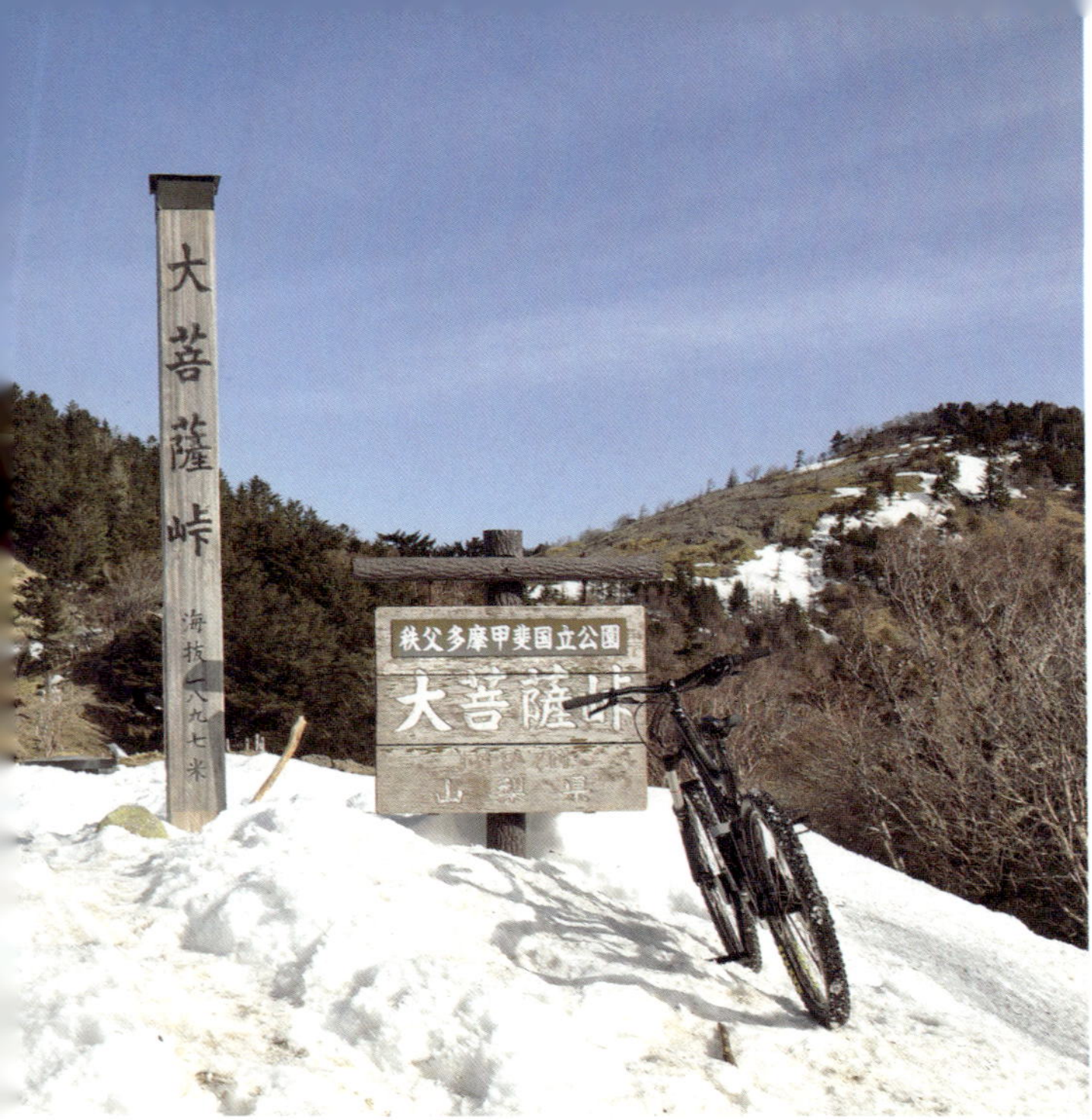

大菩薩峠《だいぼさつとうげ》

小説や事件の主人公になった峠

山梨県甲州市【物流の峠】

雪が凍っている朝6時半に訪ねる

　幕末の剣士、机竜之助を主人公にした中里介山の小説『大菩薩峠』でよく知られた峠である。この小説は都新聞、毎日新聞、読売新聞で、1913年から30年近くも連載され、41巻におよぶ未完の一大巨編で、当時の小説家からも絶賛を浴びた。また、1969年には、共産主義者同盟赤軍派のメンバーが大菩薩峠付近で軍事訓練を行い、53名が凶器準備集合罪で現行犯逮捕されている。

　訪ねたのは、まだ雪が残る4月中旬。北からのルートはゲートが閉ざされており、ロッジ長兵衛がある上日川峠《かみにっかわ》よりのメインルートで登ることにした。駐車場で、ポルシェの上にのせた電動自転車を下ろし、ここからは峠まで山中のサイクリングを楽しむ。勝緑荘までの林道はおだやかな傾斜で、鼻歌まじりでこげるが、そこからの山道はかなり険しい。ペダルをこぐ足も重くなり、息も上がってくる。

　まだ登山客も少ない早朝6時半から登り始めたのには訳がある。4月とはいえ雪が多く残っている道は、太陽に照らされると溶けてぐじゃぐじゃ道になってしまう。電動自転車で走行するにはおぼつかないので、まだ雪が凍っているうちに決行。約30分で峠までたどり着く。

　峠では本当に美しい景色が広がっていた。富士山だけでなく、南アルプスの甲斐駒ヶ岳、光岳などの山々を見ることができる。深田久弥の『日

※峠は生き物です。訪ねる日によって姿を変えていきます。参考のために、写真の説明には撮影日を記しました。

大菩薩峠標。大菩薩嶺を望む（2014.4.12）

大菩薩峠からの南アルプス連峰の眺望（2014.4.12）

大菩薩峠標から小金沢山を望む（2014.4.12）

本百名山』にも名前を連ねた山だけのことはあり、とても美しい。

すでに午前7時過ぎには下りはじめ、途中で荷物を担いで上がってくる山小屋の主と遭遇。主は目を丸くして「もう登ってきたんかね」という。電動自転車で登ってきたと告げると「なるほど、電動自転車とは考えたな」と感心してくれた。

すばらしい峠であったが、ただひとつ残念なことがあった。峠の手前にある山小屋・介山荘のふたつの棟の間の道を通り抜けて、たどり着くこと。人工的な建物の間を抜けていくのは、何とも興ざめであった。

標高：1,897m

所在地：山梨県甲州市塩山、
山梨県北都留郡小菅村

道路：県道201号線
（ロッジ長兵衛からアプローチ登山道）

調査方法：電動自転車

緯度：35°44:183'　**経度：**138°51:195'

厳選峠! 33の物語 FILE.02

名作『伊豆の踊子』の舞台となった峠

天城峠《あまぎとうげ》

静岡県伊豆市【物流の峠】

必見は明治時代の様式を残す天城隧道

いわずと知れた川端康成『伊豆の踊子』の舞台となった峠。『伊豆の踊子』は、大学生の主人公が湯ヶ島で出会った旅芸人一座の踊子にひかれ、天城峠の隧道を越えたあと、下田まで旅する物語である。天城峠は、静岡県伊豆半島の中部の天城山（標高1406m）と猫越岳（標高1035m）との鞍部に位置する。「日本の道100選」「日本百名峠」にも選ばれている。ここには、2010年と2017年の2回訪れ、2017年は晴天にも恵まれた。

1905（明治38）年に完成し、登録有形文化財になっている天城山隧道、1970（昭和45）年完成の新天城トンネルまでは車で行くことができる。

全長445・5mの天城山隧道は、それまで陸の孤島と呼ばれていた南伊豆の人たちの熱い思いによって、開通。このトンネルの完成によって北伊豆と南伊豆の距離は一挙に縮まり、それまで難所であ

新天城トンネル。天城峠バス停がある（2017.3.7）

天城山隧道。北口園地（2010.4.10）

天城峠。ベンチも置かれ、よく整備されている（2017.3.7）

った天城越えの苦難は解消した。アーチや側面など、すべてが石で作られており、日本に現存する石造道路トンネルとしては最も長い。石は、静岡県大仁町吉田の吉田石が使われている。

　天城峠への登山道は、天城山隧道の北口園地の右側にある登山道から上がっていく。

天城山の尾根伝いに稜線を登り切ったところに天城峠はある。途中に天然記念物の太郎杉が立っていて、それをまわり込むようにしてたどり着く。しかし、峠に行くまでの登山道がとにかくしんどい。ほんの30分ほどなのだが、ズーッと急な登り道なので、息も上がってしまう。

　ただ、峠にたどり着くと、眺望も良く、きれいな場所なのでそんな苦しさも思わず忘れてしまうくらい。しっかり整備もされており、ベンチも用意されているので、ゆっくり休むこともできる。まわりは天城国有林のスギ、ヒノキ、ツガなどが生い茂り、「ここに来て、やっと『伊豆の踊子』の天城越えの世界が理解できた」と思ったものだ。

標高：825m

所在地：
静岡県伊豆市、静岡県賀茂郡河津町

道路：国道414号線（天城街道）

調査方法：徒歩

緯度：34°49:832'　**経度：**138°56:172'

天城山隧道：1905（明治38）年竣工　延長445.5m
幅3.5m　有効高3.5m　標高708.74m

新天城トンネル：1970（昭和45）年竣工
有料道として開通。延長800m

絶景の中禅寺湖が見える峠
金精峠《こんせいとうげ》

栃木県日光市【物流の峠】

峠にある金精神社 ご神体はなんと男根

峠に立つと、目の前に雄大な景色が広がる。日光のランドマーク的な存在である標高２４８４ｍの男体山、その裾野には美しい中禅寺湖の姿が、その形までしっかり望むことができる。特に紅葉の季節は日本でも有数の美しさである。この峠を訪れる楽しみのひとつがこの景色だ。

金精峠は、金精山（標高２２４４ｍ）と温泉ケ岳（標高２３３２ｍ）の鞍部である。

金精山は、日光山修験者の行場として知られ、この峠も峰修行の道として開かれたといわれている。南東の山腹には笈吊岩《おいつるいわ》という岩場がほぼ垂直にそびえ立ち、威厳を保つ。１９６５（昭和40）年に金精トンネルができる前は、この道が栃木県と群馬県を結ぶ重要な交通路であった。金精トンネルがある国道１２０号線は、ロマンチック街道の一部になっており、開通当時は有料道路であったが、現在は無料化された。冬は閉鎖されトンネルを抜けることはできず、

赤い屋根の社殿が金精神社（2014.5.25）

春になっても通行止めになる日も多い。

登山道は、栃木県側のトンネルを出た左側にある。近くには、丸沼スキー場があり、大変雪深いところだ。訪ねた5月の末でもまだ雪が残っていた。雪崩《なだれ》なのか、登山道を10分くらい行ったところで15～20mくらいにわたって山崩れがあり、恐る恐るその脇を歩いて突破していった。そのあとの道も足元が悪い急勾配の連続で、途中、橋があったり丸太の階段があったり、かなり難儀をする。登りで約40分、下りで約30分。あまり変わらないのは、この足場の悪いせいである。

峠の頂上には、石づくりの男根をご神体にした金精神社があり、子孫繁栄、五穀豊穣、招福などのご利益があるといわれている。もともと木製だったが、冬は屋根の上までスッポリと雪が積もる環境のため破損がひどく、約60年前にコンクリート製の社殿に。赤い屋根がよく目立つ。

金精トンネル。看板は一般道路の青でなく、高速道路などの有料道路の名残である緑になっている(2014.5.25)

金精峠の道標。男体山や中禅寺湖が見渡せる(2014.5.25)

標高：2,024m

所在地：
栃木県日光市、
群馬県利根郡片品村

道路：国道120号線

調査方法：徒歩

緯度：36°49:775'

経度：139°23:413'

金精トンネル：
1965(昭和40)年9月竣工
延長755m　標高1,843m
国道で3番目の標高を誇る

厳選峠! 33の物語 FILE.04

雁坂峠《かりさかとうげ》

日本最古の日本三大峠

山梨県山梨市【軍事の峠】

トイレの中を国道が通っている

日本武尊《やまとたけるのみこと》が、蝦夷《えみし》の地平定のために利用した道と『日本書紀景行記』に記されていることから、日本最古の峠道といわれる。縄文中期の遺物や中世の古銭類なども数多く出土しているほか、武田信玄の軍用道路「甲斐九筋《かいくすじ》」のひとつとしても知られる。旧道は明治中期までは交通量も多く、秩父の繭を塩山に運ぶ道路として使われた。また、北アルプスの針ノ木峠、南アルプスの三伏峠と並び、日本三大峠に名を連ねている。

この峠は、僕が今まで登った全峠の中で、最も過酷な峠といっていいだろう。昔の人は重い荷物を背負って、よく登っていったものだと関心をする。雁坂トンネルの山梨方面出口近くの駐車場に車を停め、登山道に向かうのだが、登山道に行くまでは50分ほど歩かなければならない。そこで電動自転車が登場、12分くらいで行くことができた。しかし、そこから3時間20分、途中、沓切沢出合の渓流などに癒されることはあっても、急峻な登り道の連続は体にこたえた。

峠にたどり着くと、ぐったりして20分くらい休憩。そこに登山客が来て、「雁坂嶺まで行かれんですか?」と尋ねる。「いやいや、もう下ります」、「なんでこんなにつらい思いをして、下りてしまうの?」と一笑に付される。下りは約2時間30分。登りと50分くらいしか変わらないことからも、急な登山道であるこ

雁坂峠。雁坂嶺が見える
（2014.5.31）

雁坂峠より水晶山を望む（2014.5.31）

雁坂トンネル（秩父側）（2009.4.29）

とがわかる。

雁坂トンネルができるまでは、この道は車が通れない点線国道（道路幅が1・5m以下。国土地理院の地図などで、点線で表されることから、こう呼ばれる）であった。実に標高2000mを超える国道である。

笑ってしまうのが、トイレの中を国道が通っていること。トイレは、山小屋である雁坂小屋のもので、山の中のトイレにしては清潔に保たれていた。狭い登山道を有効利用したものだろうが、トイレの中を国道が通っているのは、ほかにはないだろう。

標高：2,082m

所在地：山梨県山梨市、埼玉県秩父市

道路：国道140号線

調査方法：徒歩

緯度：35°53:344'　**経度：**138°47:229'

雁坂トンネル：1998（平成10）年4月竣工
延長6,625m　幅3.0mx2車線

厳選峠! 33の物語 FILE.05

活火山にトンネルを掘った峠

安房峠《あぼうとうげ》

長野県松本市【物流の峠】

つづら折りが続く いかにも峠らしい 交通の難所

長く地元の生活道路として使用されており、1912（大正元）年に陸軍測量部が作った、5万分の1の地図にも峠の名が記されている。2008（平成20）年8月に訪ねたときには峠に小屋が建っていたが、現在は更地となっており、峠には地蔵尊が祀られていた。日蓮が修行のためこの峠を越えたときに、自身の出身地である安房にちなんで命名したと伝えられている。

交通の要所でありながら、つづら折りが続く難所でもあり、急峻で極めて狭いカーブが連続する峠は、大型バスなどは何度も切り返さなくては登れないほどだった。冬季は深い雪に阻まれ、通行が寸断されていた。

1997年（平成19）年12月、着工から17年の歳月と860億円の総工費をかけ、念願の安房トンネルが完成。それまで金沢や富山など北陸地方から車で来ると東京まで約500kmの道のりであったが、

松本側から見た安房トンネル（2016.7.20）

穂高連峰が一望に見える、風光明媚なすばらしい峠（2016.7.20）

水蒸気爆発の事故により遺された橋脚（2016.7.20）

安房トンネルができてからは約360㎞になり、その差はグンッと縮まった。

　地図を見るとわかるが、このあたりは有数の温泉地。四季を通して営業している「中の湯温泉」をはじめ、桂川沿いには温泉が連なるように湧き出している。トンネルを掘るには、大変難しい場所だったようだ。1964（昭和39）年より現地調査を開始し、1980（昭和55）年には長野県の中の湯温泉側、1983（昭和58）年には、岐阜県の平湯温泉側の調査坑掘削が開始された。

　1998（平成10）年の長野オリンピックの開催が決定したあと、オリンピックまでの安房トンネル開通が望まれるようになっていった。そして、1995（平成7）年、痛ましい事故が起こった。中の湯側の取付道路工事の最中に、火山性ガスを含んだ水蒸気爆発が発生し、4名の方が亡くなったのだ。

　その後、トンネルは現道の位置に変更されたが、山中には事故前の橋脚の残骸だけがさみしそうに佇んでいる。

標高：1,790m

所在地：
長野県松本市、岐阜県高山市

道路：国道158号線

調査方法：軽四輪駆動自動車

緯度：36°11:384'　**経度：**137°35:13'

安房トンネル：1997（平成9）年12月竣工
延長4,370m　幅10.5m（9.5m）　高4.7m

調査協力／國學院大學合気道部OB　鵜沢勝彦

日本の道路交通の歴史がわかる峠
宇津ノ谷峠《うつのやとうげ》

静岡県静岡市【物流の峠】

伊勢物語にも登場する古道、蔦の細道

国道1号線、旧東海道の鞠子宿から岡部宿に行く途中にある峠で、昔からにぎわっていたことで有名だ。しかし、峠好きにとって特筆すべきは、奈良時代から平成までの6つの峠の歴史をすべて見ることができることだろう。日本百名峠にも選ばれ、２０１０（平成22）年には、「東海道宇津ノ谷越」として、国の史跡に指定されている。

最も古いのが、伊勢物語などの古典にも度々登場する蔦の細道（蔦の下道）。奈良時代に官道（伝馬の道）として開かれた古道である。峠らしい山道で、奈良から鎌倉時代までは、人々が行き交う幹線道路であった。登山道はみかん畑の脇にある。峠までの道は、かなりの急坂なため登るのに四苦八苦。峠までの時間は約45分かかった。

国道をはさみ、蔦の細道と反対側にある宇津ノ谷峠は、豊臣秀吉が小田原征伐の際に侵攻しやすいように整備した峠。現在の旧東海道になって

豊臣秀吉により開かれた宇津ノ谷峠（2016.12.10）

いる。今では林道がすぐそばまでできていて楽だが、当時、この峠を越えるのは大変だったと推測する。文明開化が起きた明治時代は交通量が増えたことで、地元の有力者たちの働きかけにより宇津ノ谷峠に隧道（トンネル）を掘削することになった。標高115mの高さにイギリス式4層レンガ積み構法で造り、1876年（明治9年）に日本初の有料トンネルとして開通した。その後、火災により焼失するが、1904年（明治37年）に修復されて再開通。このトンネルは現在、登録有形文化財に選ばれている。

　自動車ブームとなってトンネルの規格が見直され、1930（昭和5）年にはコンクリートづくりの宇津ノ谷隧道が完成。大正時代に計画されたことから「大正のトンネル」といわれている。さらにスムーズに車を流すため、1959（昭和34）年に「新宇津ノ谷隧道」が完成。当初、上り下りの2車線だったが、1995年（平成7年）に「平成宇津ノ谷トンネル」が竣工したことで、新宇津ノ谷隧道は上り線専用に改修され、平成宇津ノ谷トンネルは下り専用となった。

一時は廃道になったが、地元の人の努力によってよみがえった蔦の細道（2016.12.10）

新宇津ノ谷隧道（昭和第二トンネル）は、上り線専用（2016.12.10）

「大正のトンネル」と呼ばれている宇津ノ谷隧道（2016.12.10）

明治時代に作られた宇津谷ノ隧道（2016.12.10）

平成宇津ノ谷トンネルは下り専用になっている（2016.12.10）

標高：164m　**所在地：**静岡県静岡市、藤枝市

道路：国道1号線（静岡県道208号）　**調査方法：**乗用車・徒歩

緯度：34°55:959'　**経度：**138°18:156'

蔦の細道：標高210m（勾配24度）　道程約1,500m
最も古い峠道：町指定史跡
宇津ノ谷峠：標高164.6m　道程870m　東海道（別名　大名街道）
宇津ノ谷隧道：1876（明治9）年6月竣工　延長203m　幅4m　高3.9m
宇津ノ谷隧道：1930（昭和5）年竣工　延長227m　幅7.3m　高4.4m
新宇津ノ谷隧道：1959（昭和34）年竣工　延長884m　幅9.0m　高6.6m
平成宇津ノ谷トンネル：1995（平成7）年竣工
延長881m　幅員11.25m　高6.58m

伊勢神峠《いせがみとうげ》

お伊勢参りができる峠

愛知県足助町【信仰の峠】

伊勢神峠
（2017.4.5）

250年旅人に愛される伊勢神宮遥拝所

　峠の左側の尾根から20mほど高い場所に、太い柱と神社独特の大屋根が特徴の社《やしろ》が見える。1864（文久4）年、稲橋村（現・豊田市稲武町）の庄屋・古橋家の6代当主である古橋源六郎暉皃《てるのり》によって設けられた伊勢神宮遥拝所（現在は再建）である。ここからは、伊勢湾が一望でき、遥か先には、伊勢神宮が鎮座している。この峠道は、多くの人が通る生活道路になっており、伊勢神宮にまで行きたくても行けない人が、ここでお参りができるようになっている。

　伊勢神宮遥拝所の建物は、頻繁に修繕していたようで朽廃している気配もない。よくこんなに長い間、しかも山の中でよくきれいに保ってきたものだと感じる。いわれがある杉の木も残されている。若狭の国で800歳まで生きた長寿伝説の尼「八百《はっぴゃく》比《び》久《く》尼《に》」が、駒山観音参拝の帰りにこの峠に寄り、立てた杖が大きな木になったというものだ。また、峠には「南無大慈大悲観音」と彫られた石仏も安置。この街道は、東海自然歩道の一部となり、山歩き好きに愛されている。

　飯田街道は、愛知県豊田市と長野県飯田市を結び、賃馬で荷物を運ぶ通商の道だったところで、峠がある足助町は街道の中継地であり、山間部と平野からの物資集積地であった。飯田街道の難所のひとつが伊勢神峠であった。

　明治30（1897）年11月には、馬車を通れるように伊

世賀美隧道を竣工。なぜか、現在と文字が違っているが、理由は不明だ。延長308mの花崗岩石づくりで、馬蹄形の坑口はアーチ仕上げで、左右両側の補強と装飾を兼ねている。坑道は当初レンガ巻きの予定だったが、地層の影響や湧水での崩落に対処するため、すべて石巻きに。2000(平成12)年に国の登録有形文化財になっている。

1960(昭和35)年には、車の大型化に対応し、標高640mの位置に伊勢神トンネルを設置。当初は有料であったが、現在は無料開放されている。

明治に作られた旧道の伊世賀美隧道(2017.4.5)

1960年(昭和35年)建造の伊勢神トンネル(2017.4.5)

大きな屋根が特徴的な伊勢神宮遥拝所(2017.4.5)

標高：780m

所在地：愛知県東加茂郡足助町、北設楽郡稲武町

道路：国道153号線 飯田街道(三州街道)

調査方法：徒歩　登山道(東海自然歩道)

緯度：35°10:206'　**経度：**137°25:469'

伊世賀美隧道：1897(明治30)年竣工　延長308m　幅3.15m　高さ3.3m　標高705m

伊勢神トンネル：1960(昭和35)年竣工　延長1,245m　幅6.5m　標高640m

旧道・赤名峠全景。広島側から島根側を望む(2014.9.19)

厳選峠！33の物語 FILE.08

石見銀山から銀や銅を運んだ道

赤名峠《あかなとうげ》

島根県飯南町【物流の峠】

本州の中では一番美しい峠

　実によく整備されている峠で、青々とした木々や緑の草木の中で2本の轍が彼方へとのびている。今にも向こうから旅支度をした江戸時代の一行が歩いてくるような気配がする。いかにも峠らしい峠。僕の知っている限りでは、他には北海道で見かけるくらいで、本州で最も美しい峠といってもいいだろう。国道54号線を走っていると、上の方に「赤名峠　標高５５４ｍ」という看板が見えてくる。しかし、旧道の位置は少し違っていて、左側に建っている廃業した3軒のモーテルの後ろにある。峠の横には、教育委員会による峠にまつわる歴史が書かれた看板などもあったり、郷土資料館の案内があったり、地元の人々に愛され、よく手入れをされているのがわかる。

　赤名峠の歴史は古い。『出雲国風土記』にも古代より重要な峠であった記述がある。また、江戸時代には、幕府直轄の石見銀山《いわみぎんざん》から銀、銅を運ぶ銀山街道として大きな役割

赤名峠（島根側）
（2014.9.19）

広島側トンネル前から見る赤名峠（2014.9.19）

標高：554m　旧道：630m

所在地：島根県飯石郡飯南町、広島県三次《みよし》市

道路：国道54号線：
出雲街道（石見銀山街道）

調査方法：軽四輪駆動自動車

緯度：34°57:307'　**経度**：132°44:067'

赤名トンネル：1964（昭和39）年9月竣工
延長599.8m　幅7.7m

を果たした。当時、石見銀山から尾道までの道は、銀山街道と呼ばれていた。赤名峠は街道中の最大の標高をもち、曲がりくねった急な道が続いたことから、銀山街道一番の難所として知られた。道幅は、広島藩が定めた7尺（約3m）。重い銀や銅を運ぶため馬車などを使ったのであろう、当時としてはかなり広い道幅である。

　また、出雲大社や伊勢神宮にお参りする道であり、日本海側からは三次《みよし》市方面への海産物を運ぶ物流交流の峠でもあった。三次市をはじめとする山間部では、海の幸を食することは珍しかったが、サメをワニと呼んで好んで食べられていた。そこで、この道を「ワニの道」ともいう。柿本人麻呂もここを通ったほか、斎藤茂吉は島根県美郷町を終焉地として、自著『鴨山考』で以下の歌を詠んでいる。

「人麿のことをおもいて　眠られず　赤名越えつゝ　行しきおもほゆ」

　赤名トンネルは、1964（昭和39）年に完成。杭口には出雲の神話にちなんだレリーフが取り付けられている。

囚人道路といわれている峠

北見峠《きたみとうげ》

北海道遠軽町【物流の峠】

網走刑務所の囚人1100人以上で作った道路

高倉健の主演映画『網走番外地』でも知られるように、網走刑務所は刑務所の代表ともいわれている。役目を終えた現在の網走刑務所は、1983（昭和58）年に明治時代の貴重な古建築物群が見られる「博物館　網走監獄」として生まれ変わり、観光客の話題を集めている。

北海道の道路計画は、大きくふたつに分かれる。函館から旭川に至る縦のラインと旭川を抜けて北見を通り、網走に行く横のライン。横のラインが国道333号線で、通称「遠軽《えんがる》道路」と呼ばれる。この道の最大の難所がこの北見峠である。峠に至るまでの道はカーブが多く、しかも急勾配なので、車を運転するときには注意が必要だ。

明治時代、日本政府が恐れていたのが、ロシアの北海道侵略であった。そのためには急いで道路を作らなければならなかった。しかし、政府には整備をするだけのお金がな

北見峠（2016.6.24）

い。そこで焦点を当てたのが、網走刑務所で服役していた囚人である。1891（明治24）年、釧路集治監より網走仮分監に移された約1100人と職員約200人が道路建設の作業にあたった。4月から始めて11月までの7カ月、39里（156㎞）が完成。このことから、この道路を囚人道路と呼ぶ人もいる。

　短期間にこれだけの道路を完成させたのだから、作業は過酷そのもの。不眠不休の酷使に次ぐ酷使で、死者は180人以上にも及んだ。4kgの鉄玉を囚人の両脚に鎖で結び、ふたり1組でつないで逃亡を防いだ。死亡した囚人たちを弔うために、鎖をつけられたまま死んだ囚人に、仲間が土をかぶせて土饅頭《どまんじゅう》の塚を立てて葬ったのが鎖塚である。北見峠から北見の市内に行くまでに7つほどの鎖塚がある。鎖塚から白滝村では12体、遠軽町では46体の遺体が発見されている。峠の頂上の駐車場には、1974（昭和49）年に白滝村・國松一敏村長が建立した慰霊碑がある。

北見峠（2016.6.24）

北見峠の駐車場にある慰霊碑（2016.6.24）

標高：850m　**所在地**：北海道紋別郡遠軽町、上川郡上川町

道路：国道333号線（遠軽国道）　**調査方法**：軽四輪駆動自動車

緯度：43°52:516'　**経度**：143°1:256'

厳選峠! 33の物語 FILE.10

国見峠《くにみとうげ》

険しい山中に佇む県境の峠

岩手県雫石町【軍事の峠】

藪こぎ状態の登山道
(2014.8.27)

夏に行くには 鎌が必須アイテム

　岩手県岩手郡雫石町より秋田県仙北市田沢湖に至る国道46号線のバイパス、通称・仙《せん》岩道路《がんどうろ》。そこから県道２２６号線を抜けたどんづまりにあるのが、国見温泉だ。秋田駒ヶ岳（標高１６３７ｍ）の中腹、標高８８０ｍ地点にあり、３軒の旅館が建っている。そのうちの１軒、石塚旅館の駐車場に車を置かせてもらい、国見峠へと入っていった。国見峠は出羽の国と呼ばれていた秋田と陸奥の国と呼ばれていた岩手との国境《くにざかい》。石塚旅館の道路を挟んだ反対側に登山道があり、笹森山の麓を抜けて登っていく。峠は笹森山の頂上より50ｍくらい低い標高９４０ｍにある。

　国見温泉から峠の標高差は80ｍほどであるが、国見沢を渡るほか道はすべりやすいなど、厳しい山登りを課される。登り始めて気がついたことがあった。それは、夏の山深い場所では、なくてはならないものだった。鎌だ。草が背丈ほどにのび、熊笹も多く生えていて、手で草をはねながら藪こぎをして踏み込んでいかなければならない。

　登山コースに案内看板はないが、道はわかりやすく約１時間で峠に到着。峠はあまり広くはないが、笹森山と秋田駒ヶ岳などの眺望はすばらしい。そして、山々が少し斜めに傾斜して見える。角館生まれの平福百穂画伯が国見峠で詠んだ歌は「ここにして　岩鷲山の　ひむがしの　岩手の国は　傾きて見ゆ」。岩鷲山

国見峠にある盛岡嶺の石標(2014.8.27)

国見峠から見る笹森山と秋田駒ヶ岳の眺望(2014.8.27)

は、岩手山の旧名だ。雄大な歌であるが、詠んだ歌の通りに景色は傾いて見え、不思議な感覚であった。国見峠の奥には、ヒヤ潟（標高８３５ｍ）と呼ばれる小沼がある。その先は仙岩峠だが、当時は林道にゲートがあって仙岩峠には行けなかった。

　峠を制覇して宿まで戻ると、旅館の奥さんが「エッ、国見峠に行ったの？　草がうっそうとしているこの時期に、よくひとりで行って帰って来られたね」と目を丸くしていた。

標高：940m

所在地：岩手県岩手郡雫石町、秋田県仙北市

道路：県道226号線(国見温泉線)

調査方法：徒歩

緯度：39°43:110'

経度：140°47:180'

厳選峠! 33の物語 FILE. 11

捨てられたトンネルがある峠
宇津峠《うつとうげ》

山形県小国町【物流の峠】

イザベラ・バードが桃源郷と絶賛

イギリスの探検家、イザベラ・バードが日本を訪れ、置《おき》賜《たま》地方を旅したのは1878（明治11）年のこと。『日本奥地紀行』（発行／平凡社ライブラリー）として発表し、置賜地方（山形県の最南端）を「アジアのアルカディア（桃源郷）」と称している。イザベラが特に印象的だったのが、山形県米沢市から新潟県下越関川村に通じる越後米沢街道と呼ばれる約70㎞の旧街道で、13の峠（十三峠）がある山越えの道という。

この道は、1521（大永元）年に伊達14代稙宗《たねむね》が大里峠を開き、山形と新潟の県境を越えるルートとなる。その後、山形東側が整備され、江戸時代のはじめに十三峠が成立したといわれている。1884（明治17）年、山形県の初代県令である三島通庸《みちつね》が、仙台への関山隧道「関山新道」、福島への栗子隧道「万世大路」、新潟県への片洞門の「小国新道」を整備した。以後、置賜地区と越後地区を

1992年に開通した新
宇津トンネルの小国側
（2012.7.28）

宇津峠旧道
（2012.7.28）

膨張性地山のため使
われなくなった宇津ト
ンネル（2012.7.28）

標高：490m

所在地：山形県西置賜郡小国町、飯豊町

道路：国道113号線（旧越後街道）

調査方法：一部徒歩

緯度：38°00:686'　**経度：**139°55:233'

宇津トンネル：1967（昭和42）年7月竣工
延長　949m　幅5.5m　高4.5m　閉鎖
新宇津トンネル：1992（平成4）年10月竣工
延長1,335m　幅7m　高4.7m

結ぶ幹線道路として、重要な役割を果たした。

　イザベラ・バードは歩いたり馬や牛に乗ったりして、鷹巣峠から諏訪峠まで大小13の峠を、13日をかけて越えている。その中で最も標高が高く、険しいのが宇津峠だ。この地域は積雪が多く、雪崩を避けるために、過去にはルートの変更や改修工事が行われてきた。

　宇津峠の古道の全長は、4・7㎞。存続割合は50％未満と思われるが、NTTの宇津峠無線中継所があるお陰で、旧国道から林道を通り、宇津峠には意外にスムーズに到達できる。石畳が残っている峠道は、熊野古道を思い起こさせる。

　1967（昭和42）年に完成した宇津トンネルは、現在閉鎖中。理由のひとつが、ここが膨張性地山（スメクサイト岩盤スレーキング）に掘られたトンネルであること。空気にさらされると、岩盤がふくらんでしまう地盤なのだ。そのため、維持管理するのが困難なため、放棄せざるを得なかったようだ。

豪雪地帯を越えていく峠

六十里越《ろくじゅうりごし》

新潟県魚沼市【軍事の峠】

あまりのつらさに距離が10倍に感じる

豪雪地帯にあり、訪れたときが5月中旬だというのに、写真のごとく山々にはまだ雪が残っていた。名前のいわれは、急カーブが多く斜面の勾配も急なところから6里（約24km）の道のりが10倍の長さに感じることから。北東10km先には、さらに険しい難所の八十越があり、こちらは現在通行不能。国土交通省と新潟県、福島県で工事を行っている。六十里越は、中世～近世にかけて、源義経や直江兼続《かねつぐ》が東北へ向かう際に通ったといわれている。

昭和初期になってから道路拡幅整備を開始。途中、太平洋戦争時に中止になったが、１９５１（昭和26）年に再開し、１９５８（昭和33）年からは自衛隊が一定区間の工事を担当し、１９７３年（昭和48年）9月に開通。六十里トンネル近くに自衛隊の功績を讃えた碑が建っている。

開通当初は一部の路面が未舗装だったが、現在では全区間舗装されている。雪に備え、

六十里越（2011.5.14）

スノーシェッドが連続して設けられており、期間限定で冬季は閉鎖になっている。２００６（平成18）年11月には、「雪わり街道」という愛称が命名された。

六十里越に行くには、県境の六十里越隧道を通り、田子倉湖を下に見ながら田子倉ダムの横を抜けて上がっていく。六十里越隧道は、国道のほか鉄道も設置されている。田子倉湖は、尾瀬湿原（標高１６６５ｍ）を源にする阿賀野川水系である只見川の貯水池。只見川は伊南川を合流し会津盆地に入り、さらに大川や日橋川などと合流して阿賀野川となり、最終的には日本海に注がれている。

阿賀野川水系は急峻で峡谷が狭く、低地に向かって一気に流下するため流水量が多く、水力発電に適した川であり、特に只見川は電源開発地域として古くから注目されてきた。１９４７（昭和22）年から本格的な電源開発が開始され、その発電量は最大２２０万KWにも及んでいる。

六十里越　峠開道記念碑（2011.5.14）

六十里越（2011.5.14）

標高：760m

所在地：新潟県魚沼市、福島県南会津郡只見町

道路：国道252号（雪わり街道）

調査方法：バイク

緯度：37°18:092'

経度：139°14:052'

六十里越隧道：
1973（昭和48）年9月竣工
延長788.5m

三国峠《みくにとうげ》

三国の明神を祀っている峠

群馬県みなかみ町【物流の峠】

三国街道の難所だが人々の交流も盛んだった

日本には、いくつか三国峠と呼ばれている場所があり、そのいずれもが3つの国の境にあることから名づけられている。北海道の三国峠は石狩、十勝、北見、長野と埼玉の間にある三国峠は、信濃、武蔵野、上野。そして、この三国峠は、上野、信濃、越後の3国だが、厳密には新潟県と群馬県の国境（県境）である。実際の3国の接点は、三国峠から約15km離れた標高2140mの白砂山である。三国峠は、「日本の道百選」「日本の百名峠」などに選ばれている名峠である。

群馬側から登ったが、トンネルの手前に上越橋があって、橋を渡った右側が登山道になっている。新潟側からも同じようにトンネルの横に登山道があって、同様に峠に出ることができる。そこから登り勾配がずっと続いていて、その後も登り詰め。峠まで約35分間登りが続くので息も上がってくる。

三国峠がある三国街道は、東海道などの五街道に次ぐ街道。群馬の高崎から新潟の長岡を経由して寺泊まで続く道で、縄文時代から人々が行き来をしていた。蝦夷征伐で有名な坂上田村麻呂にちなんだ伝承も残されている。初めて、三国峠の名が記されているのが、1486（文明18）年に克《ぎょう》恵《え》法印が書いた紀行文『北国紀行』。戦国時代には、上杉謙信が関東に何度も出陣し、三国街道の改修が行われ、江戸時代にはさらには猿ヶ京に

三国峠より新潟方向を臨む
（2014.5.17）

峠にある御坂三社神社（2014.5.17）

群馬側から見た三国トンネル（2014.5.17）

関所も設けられた。佐渡島は囚人が送り込まれた島として知られているが、この道を通って送られていた。

5月中旬とはいえ、峠に上がると多くの雪が残っていた。かたわらには御坂三社神社、通称・三国権現が鎮座している。上野《かみつけ》赤城明神、信濃諏訪明神、越後弥彦明神の三国の神様が祀ってあり、このことが三国峠のいわれにもなっている。三国山の方向に向いており、木造で立派な鎧戸もあり、古くから頻繁に人々が交流していたことがわかる。1957（昭和32）年には三国トンネルが開通。人々の移動は、車が中心になっていった。

標高：1,302m

所在地：
群馬県利根郡みなかみ町、
新潟県南魚沼郡湯沢町

道路：国道17号線

調査方法：徒歩

緯度：36°45:975'

経度：138°49:360'

三国トンネル：1957(昭和32)年竣工
延長1,218m　車線幅2.5m　高3.8m

紅葉が始まる山田峠(2009.9.19)

厳選峠! 33の物語 FILE.14

人気観光道路にある標高3位の峠

山田峠《やまだとうげ》

群馬県中之条町【物流の峠】

日本海と太平洋に注ぐ分水嶺がある

国道２９２号線は、群馬県長野原町から草津温泉、渋峠、志賀高原を通過して、新潟県上越市まで至る道である。渋峠をはさんだ約41kmの区間は、有料道路である志賀草津道路だったが、１９９２年（平成4）年に無料化されている。人気観光地を抱えているので、連休などは渋滞する覚悟が必要だ。

草津白根山と横手山の中間に位置し、志賀草津道路沿いにある山田峠は、標高２０４８ｍで日本の国道としては第3位の標高の高さである。峠からは、美しい山々の眺望を楽しむことができる。本来の山田峠は、この近くの山田峠避難小屋を横断するところから登っていく。鉄平石がランダムに張られた避難小屋は、とても味わい深い外観だ。この近くでは、ノルディックスキーなどを楽しむ人も多く、ガスの発生など天候急変による遭難事故の発生を防止するために、１９５５（昭和30）年にこの避難小屋を建設。資

山田峠にある避難小屋
（2009.9.19）

山田峠全景（2009.9.19）

材は、閉鎖されていた横手山鉱山の索道や馬で運び上げて建設したという。スキー客などのために冬のみ開放されている。

　かつてあった横手山鉱山は、横手山山腹の松川源流にあり、１９３２（昭和７）年に硫黄を中心にして採鉱を開始。その後、戦争などで操業中止などを余儀なくされたものの、最大60人以上の従業員が採掘していた鉱山である。惜しくも１９５７（昭和32）年に閉山となったが、今でも当時物資を運んだ索道は残されている。

　活火山である草津白根山は、２０１８（平成30）年１月に噴火したことも耳に新しい。ひとりが亡くなり、11人がけがを負った。今でも噴火警戒レベル２が継続されている。これら草津白根山における火山性地殻変動を検出するために、山田峠には、国土地理院が「地殻変動観測点」を設置している。

　また、国道脇には、群馬県中之条町が設置した中央分水嶺の標柱がある。長野側に降った雨は千曲川を経由して日本海に、群馬側の雨は利根川を経由して太平洋に注いでいる。

標高：2,048m

所在地：群馬県吾妻郡中之条町、吾妻郡草津町

道路：国道292号線（志賀草津道路・旧有料道路）

調査方法：バイク

緯度：36°39:087'

経度：138°31:534'

住民が私財を投げ打って作った峠

須花峠《すはなとうげ》

栃木県足利市【物流の峠】

推奨土木遺産に選ばれたふたつの隧道

「トンカンッ」「トンカンッ」。ゲンノウやタガネなどで岩を手掘りしている音が山中に響く。かたい岸壁を掘り進むのは、想像を絶した作業で、できる穴もほんのわずかで遅々として進まない。旧須花隧道を作っていた様子だ。

昔から足利方面から佐野方面への交通には、けわしい須花峠を通らなければならなかった。トンネルを掘って交通を便利にし、人々の苦労を救おうと決心した上彦間村（現・飛駒町）の村長・田島茂平は、上彦間、下彦間や足利などに住む協力者から資金援助を得て、１８８１（明治14）年に工事を開始した。手作業のため思うようには進まず、資金はたちまち尽きた。田島茂平はさらに私財を投げ打ち、１８８９（明治22年）1月、全長１１７ｍの隧道を完成させたのだ。

その後、１９１７（大正6）年に旧須花隧道、１９７８（昭和53）年に昭和の須花トンネルが完成。大正時代のも

須花峠（2016.5.10）

のは煉瓦アーチ式、昭和時代のものはコンクリート造になっている。明治と大正の隧道は旧隧道と呼ばれ、ふたつの隧道は、土木学会が近代遺産のうち技術的、デザイン的に優れた土木構造物に贈る「選奨土木遺産」に選ばれている。これらの隧道は、現在通行不可能で、明治の隧道は足利側からのみ中をうかがうことができるが、奥は崩壊している。大正時代の隧道の入口は、金網で囲われている。

　須花峠には、大正の隧道の右手脇にある登山道から上がっていく。道はかなり急で、昔の人はかなり難儀していたことが予想される。しばらく歩いていくと、サワギキョウで有名な小湿地「須花湿原」に出る。その上が、須花峠である。須花峠あたりは、切り通しの峠の状態がよく保たれ、尾根の鞍部を歩く峠らしい峠だ。木の間からは、名草の谷も見える。

　峠に出ると、足利市の北部の展望が開けており、かたわらに須花坂で討死した唐沢城主・佐野宗綱のいわれが書かれた案内板も立っている。

昭和の須花トンネル(2016.5.10)

明治時代の旧須花隧道(2016.5.10)

大正時代の須花隧道(2016.5.10)

標高:195.3m　**所在地**:栃木県足利市、佐野市

道路:県道208号線(彦間足利線)　**調査方法**:徒歩

緯度:36°23:592'　**経度**:139°29:168'

旧須花隧道:1889(明治22)年1月竣工　延長117m　幅約3.6m　素堀り、閉塞
須花隧道:1917(大正6)年竣工　延長82m　幅約3.6m　高3.4m　煉瓦アーチ式
須花トンネル:1978(昭和53)年5月竣工　延長154m　幅7m　コンクリート造

調査協力/國學院大學合気道部OB　鵜沢勝彦

吹上峠《ふきあげとうげ》

江戸時代から石灰を運んでいた峠

東京都青梅市【物流の峠】

文政の切り通しとも呼ばれる吹上峠(2015.2.5)

3世代のトンネルがあり時代性を感じる

青梅市の小木曽村や上成木村などの成木地区は、昔から石灰の生産地としても知られていた。１６０７（慶長11）年には、江戸城大改修に伴って石灰の幕府用達が命じられ、成木の石灰は「八王子白土焼」と名づけられて、厳重な警備のもと「御用石灰」として江戸に輸送された。江戸城のほか、日光東照宮や八王子城の修築などにも使用された。現在でも年間約20万tもの石灰が採取され、幹線道路では石灰を積んだ大型トラックがたくさん行き来するのを目にする。

採掘される石灰を効率よく運ぶため、１８２８（文政11）年、小木曽村の名主だった野崎嘉右衛門が、牛馬が運搬しやすいように、峠の頂部を掘り下げて切り通しにした。そのため、吹上峠は、「文政の切り通し」ともいわれ、「嘉右衛門峠」と呼ばれることもある。

青梅市内で最初にできた道路トンネルが旧吹上隧道。１９０４（明治37）年に完成したもので、通称・明治トンネル。２００９（平成21）年３月に閉鎖され、現在は通行できない。竹林に覆われた隧道の前には多くの竹が倒れており、近づくのが大変だ。その隧道の右手から上がっていくと、文政の切り通しに出ることができる。

現在、東京都道路整備保全公社がいろいろな場所で道路見学ツアーを行っているが、吹上峠の会に参加したところ、

特別にこの隧道をあけて見せてくれた。
　１９５３（昭和28）年に竣工したのが、吹上隧道（通称・昭和トンネル）。現在は、徒歩や自転車で通ることができるが、車は通れない。隧道の中には照明があるが、かなり暗いので注意が必要。隧道を出た所から桜並木が続いており、この桜は昭和天皇が皇太子のご成婚を記念して約１３０本を植樹したもの。
　成木側の急カーブや急勾配を解消するために、明治トンネル、昭和トンネルの下に１９９３（平成５）年に作られたのが、新吹上トンネル。通称・平成トンネルと呼ばれている。

明治時代の旧吹上隧道（2015.2.5）

昭和時代の吹上隧道（2015.2.5）

平成時代の新吹上トンネル（2015.2.5）

標高：281m

所在地：東京都青梅市

道路：都道53線（青梅秩父線）

調査方法：徒歩

緯度：35°81:634'　**経度**：139°24:861'

旧吹上隧道：1904（明治37）年竣工
延長120m　幅3.6m　高2.8m　封鎖
吹上隧道：1953（昭和28）年竣工
延長245m　幅5.5m　高4.2m
新吹上トンネル：1993（平成5）年竣工
延長604m　幅7.0m　高4.7m

厳選峠! 33の物語 FILE.17

バスかタクシーでしか行けない峠
北沢峠《きたざわとうげ》
長野県伊那市【登山の峠】

長野側から行くのがおすすめ

「これから北沢峠に行っても登山小屋は閉まっているから食べるものはないよ。コレ、食うかい?」とバスの運転手さんは、おいしそうなパンをくれた。また、「うわっ、この景色きれいですね、写真撮りたい!」というと、バスを道路脇に停めて、写真を撮り終わるまで待ってくれるなど、いたれりつくせりの路線バスの旅。路線バスとはいえ、乗客は私たち夫婦だけで独占状態で、運転手さんは私たちのわがままを聞いてくれた。

　北沢峠は、南アルプスの自然環境保全と通行の安全確保のため、車を入れることができず、南アルプス林道バスかタクシーでのみ行くことができる(パークアンドライド方式)。北沢峠は南アルプススーパー林道の中心にあり、北側の尾根は甲斐駒ヶ岳(標高2967m)、南側は仙丈ケ岳(3033m)の登山のベースとなっている。南アルプススーパー林道は、長野県伊那市と山梨県南アルプス市を

北沢峠からの眺望
（2015.11.11）

北沢峠にあるバス停
（2015.11.11）

北沢峠
（2015.11.11）

標高：2,030m	
所在地：長野県伊那市、山梨県南アルプス市	
道路：南アルプススーパー林道	
調査方法：バス	
緯度：35°44:332'	
経度：138°12:477'	

結ぶ総延長56・98㎞の林道。片道1車線で南アルプス国定公園内を縦断している。バスは、１９８０（昭和55）年から運行されている。

車は禁止とは聞いていたが、何とか林道を車で行けないかと山梨県韮崎市の営林署に正規の申請書を出してみたが、学術関係や工事関係の車でなければダメとけんもほろろに突き返されてしまった。時は秋深い11月。夜叉神トンネルが修復工事をしていた関係で、山梨県側のバスは終わってしまっていたが、長野県側はまだ通っているということで、急遽長野側からバスで行くことにしたのだ。

北沢峠に到着をして写真も撮り終わり、運転手さんに「このバスは何時に出発しますか?」と聞くと、1時間半後という。さらに「ちょっと待って、次のバスを呼べばすぐに出発できるから」と、無線で次のバスを呼んでくれた。タクシーをチャーターするより、便利な路線バス。シーズン終わりの登山客が閑散なときとはいえ、親切すぎるバスの運転手さんだった。

中央構造線の圧巻な崩落場所も見えるので、長野側から入るのがおすすめだ。

日本の国道最高標高の峠

渋峠《しぶとうげ》

長野県山ノ内町【物流の峠】

峠からの眺望がすばらしい

何といってもいちばんの特徴は、日本で最も高い標高にある峠であることだろう。横手山（標高2307m）と草津白根山（標高2160m）と高い山の間にある。長野方面からは、湯田中渋温泉郷から登っていくようになる。また、草津温泉の街から車を走らせれば、30分ほどで到着するというアクセスの良さ。

峠に立つと、眼下には芳ヶ平湿原、草津白根山、榛名山、赤城山が臨める。天気がいい日には、遠くに富士山も見える。特に草津白根山の裏側に広がる芳ヶ平湿原の景色は圧巻だ。上信越高原国立公園の特別保護地区で、約300種類の植物が自生しているという。また、この峠は、雲海の撮影スポットとして知られ、早朝にはカメラを抱えたアマチュアカメラマンが全国から集まり、シャッターを押している。雲海の上には山々の頂が顔を見せ、朝日が注いでオレンジ色に染まる景色は、自然が生み出す芸術ともいえる。

渋峠（2009.9.19）

渋峠は、山田峠の延長線上にある滋賀草津道路の先にある。一般有料道路「志賀草津有料道路」は、1965（昭和40）年8月、渋峠をはさんだ上林～草津間の41・1㎞の区間で開通。1992（平成4）年には、一般国道の国道292号線に組み込まれ、無料開放された。この日本有数の山岳スカイラインは、「日本百名道」に選定されている。渋峠は、長野県と群馬県の間になることから、峠にある渋峠ホテルの外壁には、「ぐんま←→ながの」と描かれ、県境であることをあらわしている。

　標高が高いため、11月はじめから4月下旬まで閉鎖され、山田峠方面に行くことはできない。道路は冬はクロスカントリースキーのコースになり、スキーヤーが登ってくる。

　山田峠を中心にした中央分水嶺をなしており、長野県側に落ちる松川は峠の沢に端を発し、千曲川を経て日本海へ注ぎ、群馬県側は大沢川、谷沢川から利根川を経由して、太平洋に注いでいる。

標高：2,172m
（国道最高標高地点）

所在地：長野県
下高井郡山ノ内町、
群馬県吾妻郡中之条町

道路：国道292号線
（志賀草津道路・
旧有料道路）

調査方法：バイク

緯度：36°39:914'

経度：138°32:123'

渋峠ホテル（2009.9.19）

渋峠（2009.9.19）

西には破風山(標高1,999m)
がそびえる(2009.9.19)

毛無峠《けなしとうげ》

廃坑の小串鉱山があった峠

長野県高山村【物流の峠】

製錬の亜硫酸ガスのため丸裸状態に

荒涼とした風景が広がる。その名の通り、木々がまったく生えていない毛無の峠である。吾妻山《あづまやま》(標高２３５４ｍ、長野側では四阿山《あずまやさん》)と万座山(標高１９９４ｍ)の鞍部に位置する。以前は青々とした原生林であったが、１９１６(大正５)年に峠を群馬側に少し下った場所に小串鉱山ができてから、風景が一変した。硫黄を製錬するための燃料として樹木を伐採したほか、鉱石中に含まれる硫黄分を抽出する製錬の工程で発生する亜硫酸ガスの影響で樹木が枯れてしまい、このような風景になった。現在は鉱山の前に鎖を張ったゲートがあり、車で下りて行くことはできない。

火山帯が横たわっている山麓は、湯量豊富な温泉が数多く、硫黄、蝋石《ろうせき》、褐鉄鉱、ダイアスポアなどの鉱物の宝庫であった。これらの鉱物資源を採掘し、製煉してきたのが小串鉱山だ。硫黄は、合成繊維、医薬品、農薬などの重要な原料であり、一時は「黄色いダイヤ」とも呼ばれ、日本の工業発展に欠かせないものであった。

小串鉱山の生産も１９６８(昭和43)年には、３万57ｔもの生産量が誇った。最盛期には、１５００人が住み、小串小・中学校には約３００人の生徒が通学していた。町には、商店や診療所のほか、映画館などもあったという。１９３７(昭和12)年には、大規模な地すべりが２度にわたって発生し、死者２４５名、負傷

者32名という大惨事も起こった。そして、1973（昭和48）年に閉山。

毛無峠がある県道112号線は、長野県須坂市と群馬県吾妻郡嬬恋村を結んでおり、南北朝時代には関東と信越を結ぶ重要な古道であった。江戸時代には、幕府の命により大笹に関所が設けられたが、明治元年に廃止。

現在、毛無峠はラジコン飛行機のメッカとなっている。尾根の頂点に立てるし、樹木もなくて見晴らしがいいので飛ばしていて気持ちがいいのであろう。2009年に訪れた当時はラジコンだったが、今はドローンが主流になっているのかもしれない。

後ろに小串鉱山から採れた硫黄を運んでいた索道が見える（2009.9.19）

桶沢川渓谷を望む（2009.9.19）

標高：1,823m

所在地：長野県上高井郡高山村、群馬県吾妻郡嬬恋村

道路：県道112号線（大前須坂線）

調査方法：バイク

緯度：36°36:652’　**経度**：138°26:916’

厳選峠！33の物語 FILE.20

祭祀の遺物がたくさん見つかった峠

神坂峠《かみさかとうげ》

長野県阿智村【軍事の峠】

急で距離も長いので旅人を苦しめた

神坂峠は、昔の信濃と美濃の国境にあり、古くは信濃坂と呼ばれていた。縄文時代から使われていた峠であり、古代や中世では東山道の難所として知られていた。「古事記」に日本武尊《やまとたけるのみこと》が東征の後、「科野（信濃の古名）の　坂の神をことむけ給ひて　尾張の国に　還り来ましこ」と書かれている。そのほか、日本書紀、続日本紀などにも峠の名前が出ている。

ここを最も有名にしたのは、阿智《あち》村に古代の祭祀の遺跡があったことだ。鳥居龍蔵が1921（大正10）年に須恵器《すえき》（還元焔《かんげんえん》で焼いた硬質の焼物）の破片を見つけたことが発端になった。1967（昭和42）年に本格的な発掘調査を行った結果、1300点以上の祭祀関係の遺物が見つかり、古墳時代中期からここが石製模造品を信仰する祭祀の場であったことが推測された。

出土したものは、勾玉《まがだま》、臼《うす》玉《たま》、管玉《くだたま》、棗玉《なつめだま》など祭祀に使用するもの。その他、鏡、剣、

神坂峠からの眺望(2010.11.6)

神坂峠は、恵那山、神坂山、富士見高原などの登山口になっている(2010.11.6)

神坂峠(2010.11.6)

須恵器、灰釉陶器なども出てきた。古墳時代から中世における峠神祭祀の実態がわかる峠として、１９８１（昭和56）年に国の史跡に指定された。僕は、岐阜県側から登っていったが、神坂峠に近づくにつれて、次第に神様に近づいていくことを感じた。それは、この峠が祭祀の場所であったことが関係しているのかもしれない。

神坂峠は、とにかく急峻で距離も長いので、旅人たちを苦しめてきた。平安時代初期に東国教化のために神坂峠を通った最澄が、あまりに急な道に驚き、布施屋を建てたという。布施屋とは、旅行者の一時救護・宿泊施設。信濃側と美濃側に一軒ずつ、広済院《こうさいいん》と広拯院《こうじょういん》を建てたとされる。

現在は、神坂峠の下には、高速道路の中央自動車道恵那山トンネルが通っている。

標高:1,585m

所在地:
長野県下伊那郡阿智村、
岐阜県中津川市

道路:林道大谷霧が原線
(岐阜県側)

調査方法:バイク

緯度:35°28:324'

経度:137°37:902'

中央道恵那山トンネル:
1975(昭和50)年竣工
延長8,649m(上)　8,489m(下)

女工が泣きながら越えた峠

野麦峠《のむぎとうげ》

岐阜県高山市【物流の峠】

あまりに過酷ゆえに幕府が作ったお助け小屋

1979（昭和54）年に大竹しのぶが主演した『あゝ野麦峠』は、シリアスな内容にも関わらず大ヒットを飛ばした。その原作となっているのが、山本茂実が1968（昭和43）年に発表したノンフィクション文学『あゝ野麦峠』だ。山本が、女工や工場の人々を数百人取材してまとめた労作である。

明治・大正時代は、国策である富国強兵のために重要な輸出品であった生糸の増産を進めていた。当時、現金収入が少なかった飛騨の農家では、12～13歳の少女を長野県の岡谷や諏訪にあった生糸工場に働かせに行くのが習わしだった。わずかな賃金での長時間労働。体を酷使した生活であった。

そんな彼女たちが飛騨から信濃に行く際に越えていったのが、野麦峠だ。当時、天領であり代官所があった飛騨国高山と江戸を結ぶ道として利用された江戸街道にある。当時は信濃からは米や日本酒、

野麦峠（高山側）（2016.7.20）

飛騨からは飛騨鰤《ぶり》などの海産物や曲物、白木などが運ばれていた。飛騨鰤は、能登の鰤を飛騨で加工したもので、信州に運ぶと高価で売れたという。交流の要衝であり人馬もよく通った道ではあったが、大変奥まった場所にあるとともに峻険な山々を越えることは厳しく、古くから難所として知られてきた。

江戸幕府は、「厳しい峠越えにより命を落とす者が多いことから、小屋を建てて番人を置き、峠越えをする者を救ってほしい」という人々の願いを聞き入れ、1841（天保12）年に峠にお助け小屋を建設。雪の野麦峠を越えた女工たちが体を休めたのも、このお助け小屋だ。

峠には、高山市が作った峠の資料館「野麦峠の館」がある。失われていく峠をもう一度見直そうと作られた唯一の峠の資料館だ。井出孫六の『日本百名峠』に取り上げられた峠をすべて展示しているほか、郷土の資料も公開されている。また、年1回「野麦峠の旧道を歩く会」を催している。峠をやるものなら、この資料館は見るに値するといえるだろう。

旧野麦街道口（2016.7.20）

標高：1,672m

所在地：
岐阜県高山市、
長野県松本市

道路：県道39号線
野麦街道（飛騨街道）

調査方法：
軽四輪駆動自動車

緯度：36°03:840'

経度：137°36:195'

野麦峠（松本側）（2016.7.20）

調査協力／「野麦峠の館」管理人　堀野 徹

青崩峠《あおくずれとうげ》

中央構造線の露頭がある峠

長野県飯田市【物流の峠】

山海の物資を運んだ塩の道

青崩峠は、信州（長野）と遠州（静岡）の県境で、秋葉街道もしくは信州街道と呼ばれる道にある。信州からは秋葉神社に参拝するために秋葉街道、遠州からは諏訪大社や善光寺に参拝するために信州街道と呼んでいたという説がある。この道は、昔から馬や人の背によって海の幸や山の幸を運んだことから「塩の道」ともいわれている。青崩峠の登山口の横には、大きな字で「塩の道」と描かれた石碑も建っている。

平安時代から鎌倉時代にはすでによく使われる街道となり、戦国時代後半から江戸時代にかけて、軍用道路としての意味合いが強くなった。1572（元亀3）年、徳川家康を攻めるため武田信玄が使ったといわれる。青崩峠を兵や馬が越えるのは厳しく、やがて尾根の後ろにある兵越峠が使われるようになったようだ。

青崩峠は、関東から九州を抜ける大断層である中央構造線にある最も代表的な峠で、北側の壁面はふたつの断層が分かれているのが露頭でわかる。青い岩盤が崩れていることから、峠の名前がつけられた。岩盤が割れやすい破砕帯にあるので崩れやすい。このように露頭で断層が見られるのは珍しかったが、2017年に訪ねたときには、法面にコンクリートが吹きつけられていて、見ることができないようになっていた。

草木《くさぎ》トンネルは、一見中央

青柳峠
（2010.7.10）

青崩林道にある「塩の道碑」（2010.7.10）

草木トンネル（2010.7.10）

構造線の中を通しているように見えるが、中央構造線の手前をカーブして、構造線を避けている。ここまで中央構造線に近づいている場所は草木トンネルしかないだろう。今、心配しているのが、リニアモーターカーが南アルプスの中央構造線を通そうとしていること。その技術が本当にあるのかが疑問だ。昔、黒部第4ダムを造ったとき、断層がある破砕帯の一部が崩れて、そこを抜くことによって山の中にたまっていた水による大洪水が起きた。それが心配だ。

標高：1,082m

所在地：長野県飯田市、
静岡県浜松市天竜区

道路：国道152号線秋葉街道（信州街道）

調査方法：徒歩

緯度：35°15:164'　**経度**：137°54:188'

草木トンネル：1992（平成4）年竣工
延長1,311m　幅9.5m　高4.7m

厳選峠! 33の物語 FILE.23

日本神話に出てくるご神木がある峠

杉坂峠《すぎさかとうげ》

滋賀県多賀町【物流の峠】

箸を地面にさすと大木に成長

　北鈴鹿の鍋尻山南西に位置し、多賀町杉地区と山麓の来栖地区を結ぶ場所にある。県道１３９号線、通称・上石津多賀線が峠へのアプローチとなる。舗装はされているが道幅は狭く、対向車がきたら、軽自動車でもすれ違うのに苦労しそうな道だ。ガードレールもないので慎重に運転をした方がいい。峠の近くには、西に約６㎞離れた多賀大社のご神木になっている三本杉が立っており、毎年8月に行われる「万灯祭」の舞台となっている。ご神木はもともと13本あったが、現在は４本。その中でも最も大きな三本杉が、滋賀県の指定自然記念物に選ばれている。

　多賀大社は、古くから「お多賀さん」の名で親しまれる滋賀県第一の大社で、伊邪那《いざな》岐命《ぎのみこと》と伊邪那美命《いざなみのみこと》を祀っている。同社の歴史を記した『多賀大社儀軌』には、以下のような物語が書かれている。

「昔、伊邪那岐命が伊勢の方から登られて、この峠付近に

杉坂峠標示(2012.7.30)

杉坂峠(2012.7.30)

標高：590m

所在地：滋賀県犬上郡多賀町

道路：県道139号線(上石津多賀線)

調査方法：乗用車

緯度：35°14:109'　**経度**：136°19:969'

来られたとき、畑を打っていた山人がすすめたアワの飯を賞美され、その箸をすなはちそのところにさし給ふ。このかた御箸生長して巨杉となる。今の杉坂の神木是也」

つまり、地面にさしたお箸がやがて芽吹き、現在のご神木になったという。「万灯祭」では、ご神木のかたわらで、神官が古式にのっとり、檜の棒と板で摩擦で起こして採火。本殿まで運んでこれを元火にして1万灯を超える提灯に明かりを灯すという祭りだ。祖先の御霊を守ってくれる神様に感謝を捧げるというお祭りで、夏の風物詩として人気が高い。

僕の出身大学の後輩である國學院大學助教の渡邉卓氏は、『古事記』の研究者である。彼に多賀大社の伝承について調査を依頼した。僕は多賀大社の祭りについては、『古事記』などに書かれていると思っていたが、彼の話から祭りやご神木の本来の由来を知ることができたのだ。

資料協力／國學院大學助教　渡邉卓

京見峠《きょうみとうげ》

京を攻めるために陣を張った峠

京都府京都市【軍事の峠】

江戸時代から続く峠茶屋が趣深い

京都の北、鷹峯から杉阪を経て周山街道へ抜ける府道31号線にある峠で、ここは江戸時代から続く「京見峠茶屋」が目印になっている。風情のある建物は、京都らしい雰囲気を醸し出している。手打そばや囲炉裏で焼く地鶏の炭火焼きが名物だったようだが、現在は営業を終了している。

また、建物の横にある石碑には、京都の詩人である島岡剣石が辛夷《こぶし》の花の咲くころ、この峠で詠んだ歌が彫られている。

「うつせみの
寂しさ故におく山の
辛夷は白く鎮もいて咲く」

この山道は、どこか大きな通りへの抜け道のようで、狭い道の割には交通量が多い。オートバイの大列が駆け抜けて行くこともある。細い道なので、大型車両は無理だが乗用車同士ならぎりぎりすれ違うことができる。兵が陣を張っていた名残なのか、道はところどころ平らになりながら登っていく構造になっている。

左が京見峠茶屋（2013.3.23）

南北朝時代の動乱を描いた軍記物語である『太平記』の中には、「京中を足の下に見下」ろせる峠という記述がある。1336（延元元）年、都を追われた後醍醐天皇方の兵が、足利尊氏らとの洛中合戦にあたり、都へ攻め入るために北の要所として京見峠に陣を張ったとされる。後醍醐天皇は、大和吉野で南朝政権を樹立した天皇だ。

1467（応仁元）年の「応仁の乱」以降、京の七口のひとつである「長坂口」から若狭国や丹波方面を見据えた戦略の拠点になったばかりか、室町時代には関所も置かれるほど古くからの要所である。峠の眼下には、「五山送り火」の船形が灯される船山や釈迦谷山が見えるほか、はるか前方には京都市中が広がる。京都の町が一望できるこの峠は、京の都を攻め落とすために、いろいろな作戦を練るのには最適の場所だったのではないだろうか。今では大木が風景をふさぎ、京の町並みは多少見づらくなっている。

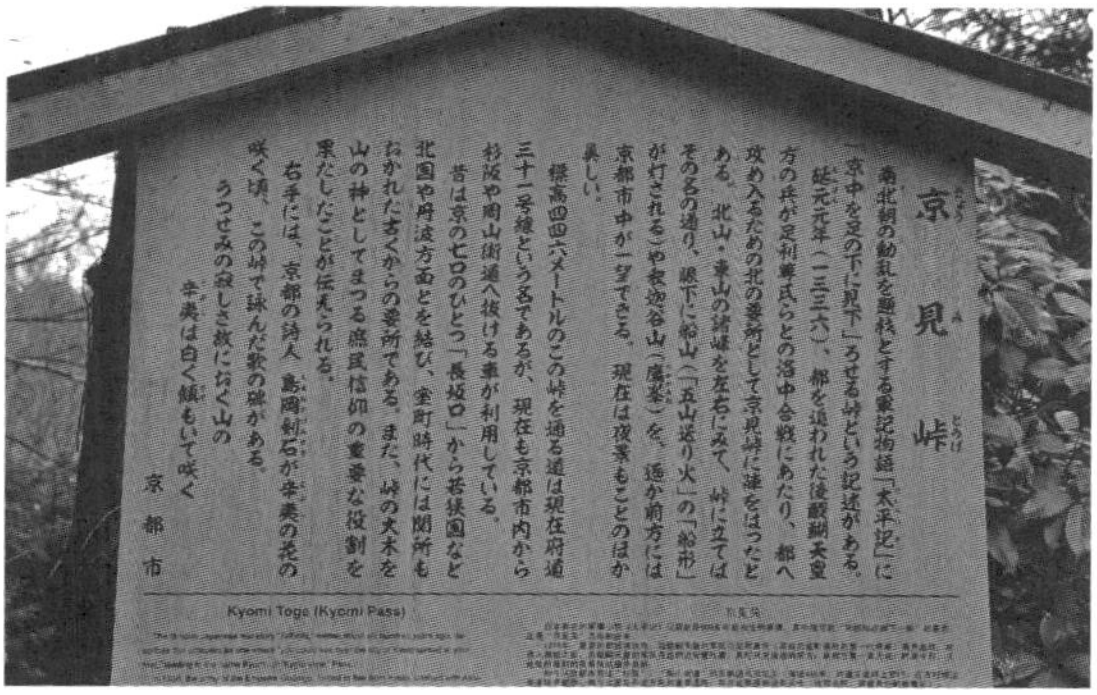

京見峠の碑（2013.3.23）

京見峠（2013.3.23）

標高：446m

所在地：京都府京都市

道路：府道31号線：西陣杉阪線

調査方法：乗用車

緯度：33°57:378'

経度：142°23:997'

紀伊半島を横断する歴史街道がある峠

高見峠《たかみとうげ》

奈良県東吉野村【信仰の峠】

国学者・本居宣長の歌碑が置かれている

国道１６６号線、通称・伊勢街道は伊勢と紀州を結ぶ道で、昔から伊勢神宮、高野山の参拝や大名の参勤交代などで利用されてきた。高見峠は街道最大の難所であった。江戸時代は、紀州藩の本城である和歌山城と東の領地にあたる松坂城を結んでいた。また、伊勢志摩の海産物を大和へ運ぶ交易路としても栄えていた。伊勢街道は紀州藩の呼称で、三重県（伊勢）側は、和歌山街道と呼んでいた。ちなみに吉野桜で有名な吉野山は、東吉野村より少し下ったところにある。

実は、高見峠は2回挑戦をしている。２０１３年の2月に行ったときには雪のため登れなかった。そこで、同年11月に再挑戦するのだが、奈良県側は谷や隧道が崩落していて、走行不能。しかたなく志摩半島側から真横に横断して峠を目指すことにした。とにかく紀伊半島の山道は、本当に険しい。どのルートを行っても厳しいのが、その厳しさが信仰の道として人々の心を揺るがしたのであろう。

ひとつの歌がある。

「白雲に
峯はかくれて高見山
見えぬもみちの
色ぞゆかしき」

１７９４（寛政6）年、江戸時代の国学者・本居宣長が高見山を越えて、東吉野村で詠んだ歌である。宣長は65歳、老齢には高見の道は険しかったが、宣長には自分に生を授けてくれた吉野水分神社への

高見山山頂への登山口には、高角神社の鳥居が建っている（2013.11.4）

秋の三重県側の高見トンネル（2013.11.4）

冬の三重県側の高見トンネル（2013.2.21）

道であり、また、生涯をかけた国学を紀州家に普及する喜びに満ちた旅であったという。

実際に高見山の頂上を訪れると、見晴らしが良く大変きれいな場所であり、雲海が見えるときもあるとか。

これらの地域的な信仰の特性とともに、僕が興味あったのは、中央構造線が近くを通っていることだった。地盤のもろさから自然災害に対して脆弱なため、１９６７（昭和42）年から改良事業を実施。１９８３（昭和58）年に高見トンネルが竣工、１９９３（平成５）年に急勾配を緩和するループ橋が完成したことで、冬期でも安心して通行が可能となった。

標高：889m

所在地：奈良県吉野郡東吉野村、三重県松阪市

道路：国道166号線（伊勢街道）「和歌山街道」

調査方法：乗用車

緯度：34°25:435'　**経度：**136°05:424'

高見トンネル：1983（昭和58）年3月竣工　延長2,470m
うち1,200m　幅9.25m　高4.5m
手前にループ°橋1993（平成5）年竣工

厳選峠! 33の物語 FILE.26

土佐藩士が脱藩に使った道

九十九曲峠《くじゅうくまがりとうげ》

愛媛県西予市【軍事の峠】

当時の若者たちは体力があったと感心する

尊王攘夷論による土佐藩有志の結集を企てた、武市半平太が率いる土佐勤王党。坂本龍馬も入党するが、過激化する武市半平太や勤王党の方針に異議を唱え、土佐藩を脱藩して長州へと逃れた。土佐藩という小さな器にこだわる仲間にも嫌気がさしたのも一因といえる。1862(文久2)年3月24日高知を出発し、宮野々番所を北の方に行き、松ヶ峠番所を抜け、予土県境の韮ヶ峠を越えて伊予の国(愛媛県)へと脱藩した。

また、梼原《ゆすはら》村の大庄屋である吉村虎太郎をはじめとする勤王の志士10余人は、宮野々番所から龍馬たちと違い西方に向けて脱藩するが、そのときに越えたのがこの九十九曲峠だ。関所での問いただしが厳しかったために、吉村は武具を調えて馬に乗り、薩摩への使者であると偽り、堂々と関所を通って行ったという逸話も残っている。

九十九曲峠は古くからある生活道で、往時は「塩の道」

九十九曲峠口に
ある碑
（2014.12.20）

九十九曲峠。4方向
から合流している
（2014.12.20）

九十九曲峠口
（2014.12.20）

標高：880m	
所在地：愛媛県西予市城川町、高知県高岡郡梼原町	
道路：東津野城川林道	
調査方法：軽四輪駆動自動車	
緯度：33°23:366'	**経度**：132°51:207'

として多くの人々が利用していた。その名の通り、くねくねと曲がったつづら折りの急な坂道が続いている。ここを登るのは相当きつくて、しかも道は登ったり下ったりを繰り返している。峠らしいといえば峠らしいのだが、よくもまあ、こんなところを越えて、高知から愛媛の方に抜けたものだと感心する。下の街道の方が逃げやすいと思うが、見つかりにくいように尾根伝いに逃げてきた。当時の若者は、すごい体力があったのだろう。

１９２３（大正13）年に近くの高研峠の下に高研隧道が完成し、そこを通る県道大洲須崎線が開通し、九十九曲峠は存在価値が薄くなったが、今でも坂本龍馬ファンや幕末ファンが数多く訪れている。

峠には、１９３５（昭和10）年、梼原村村長による「勤王志士脱藩遺跡九十九曲峠」の石碑が建てられた。また、太郎川園から九十九曲峠までの道は日本の道１００選に選ばれているほか、県内にある「ＮＰＯ法人龍馬学援隊」が脱藩の道を歩くイベントを毎年開催している。

金毘羅さん参拝で通る峠

三頭越《さんとうごえ》

香川県まんのう町【信仰の峠】

峠に立っている鳥居と石蔵

阿波（徳島）から讃岐（香川）の金毘羅さんに行くときに、最も多く使われていたのが、この三頭越である。また、借耕牛《かりこ》によって讃岐から阿波に多くの米が運ばれた道もこの三頭越だった。借耕牛とは、水田の少ない阿波の山村から水田の多い讃岐地方に田植えや麦まきのときに、牛を移して働かせて賃稼ぎをすること。秋には、米などを背負って阿波に戻ってくる。この習慣は近年まで続いていて、昭和初期には借耕牛は８０００頭もいたという。

三頭越へは地図上は林道扱いになっていたが、軽四輪駆動自動車でも走れない道なので途中で停めて徒歩で向かった。そして、峠について待っていたのは、自分にとっては大変異様な景色であった。鳥居には、「安政四巳歳仲秋日、四海泰平　君民豊楽　金毘羅大権現」と刻まれ、その左右に祖神である猿田彦大神《さるたひこのかみ》、天細女命《あまのうずめのみこと》の陰陽一対の石蔵が旅の安全を祈るように立てら

三頭越鳥居。金毘羅大権現は阿波側にある（2015.5.24）

れていたからだ。「なるほど、この鳥居を抜けてから金毘羅さまに行くのは、理にかなっているな」と思ったものだ。

峠から南に約1㎞行ったところに三頭大権現（三頭神社）」が鎮座している。金毘羅参りの際に頻繁に利用されたことから、金毘羅さんの奥の院的な役割を担っている。三頭大権現は、「剣霊」「山王」「青龍」の三神を祀っているため、その名がついたという。幕末から明治時代には三頭山には門前町ができていて、旅館も複数あったとか。峠にも茶屋があり、峠登りで疲れた体を休めていた。

峠への道とは別に、三頭山に登る道がある。東は平尾から登る急坂の道があり、岩倉村民が残した里程《りてい》石が、西は大倉から登る急坂があり、ここには半田村民の里程石が残っている。峠を通る国道438号線は、長く自動車が通ることができない点線国道だったが、1996（平成8）年に三頭トンネルができて、自動車が走れるようになった。

三頭トンネル（2015.5.24）

三頭越（2015.5.24）

標高：795m

所在地：香川県仲多度郡まんのう町、徳島県美馬市

道路：国道438号線

調査方法：徒歩

緯度：34°05:139'

経度：134°01:397'

三頭トンネル：1996（平成8）年8月竣工
延長2,648m　幅7.5m　高4.7m

日本三大酷道にある峠
京柱峠《きょうばしらとうげ》

高知県大豊町【物流の峠】

道が狭いうえに アップダウンも激しい

京柱峠は、祖谷―京柱峠―西峰を結ぶ四国の脊梁山脈横断ルートである。かつてここを通って阿波から土佐へ抜けた弘法大師は、祖谷からあまりに遠いため、「この峠を越えるのは、京へ上がるほど遠い」といったと伝わる。それが峠の名前になっている。山また山のまん中にある、山深い場所にある峠だ。

また、山崎清憲が書いた『土佐の峠風土記』には、「京柱峠は阿波の国、祖谷の奥地から土佐の国、豊永に越す辺地でありながら、土佐側からすれば京師思考の気配の漂いが感じられる。つまりこの峠は、山人たちの通う素朴な峠道というよりも、文化の交流を促す品格のある峠のような気がしてならない」と述べている（峠の案内看板）。このようなことから、「歴史とロマンの峠道」といわれているのだろう。

しかし、実際に走ってみると、もう一方の「日本の三大酷道」と呼ばれている表現の方がふさわしいと思う。三大酷道と呼ばれているのは、他には三重県尾鷲市から和歌山県御坊市に至る国道４２５号線、福井県大野市から長野県飯田市に至る国道４１８号線。

この道は、林道を舗装道路にしたような感じがあって、道も狭く、曲がりに曲がりくねっている。ガードレールがない箇所や陥没している場所もあって、さらに標高差もあるので激しいアップダウンが続く。また、酷道マニアでは

京柱峠
(2015.5.24)

京柱峠(2015.5.24)

京柱峠。標高が高いので電波塔を設けている(2015.5.24)

名所といわれるほぼ180度に曲がる鋭角ターンもある。

百姓一揆があったことでも有名だ。1842(天保13)年には祖谷山一揆が起こり、祖谷の農民630人がこの峠を越えて土佐に逃げ、一揆の首謀者であった3人が10日間この峠にさらし首にされたという。また、土佐藩が西峰口番所を設けて通行改めをしていたが、1871(明治4)年の廃藩置県により道番所は廃止となっている。

峠にはおいしいうどんを食べさせてくれる「峠茶屋　京柱」が酷道ファンの間で人気だったが、残念ながら2018(平成30)年4月に閉店してしまった。

標高：1,130m

所在地：高知県長岡郡大豊町、徳島県三好市東祖谷樫尾

道路：国道439号線

調査方法：軽四輪駆動自動車

緯度：33°49:270'　**経度**：133°51:421'

味見峠（2015.6.22）

厳選峠！33の物語

FILE.29

九州では珍しい出城があった峠

味見峠《あじみとうげ》

福岡県香春町【軍事の峠】

福岡県田川郡香春町と京都郡みやこ町とを結ぶ主要地方道にある峠。720（養老4）年、採銅所長光にある清祀殿で鋳造した銅の神鏡を古宮八幡宮から宇佐八幡宮に奉納する際、この峠を神輿の行列が通ったことで有名である。また、国内有数の霊山として知られている田川郡添田町にある英彦山の山伏修行の峰入りコースの一部でもあった。

味見峠から登ったところにある障子ヶ岳（標高427・3m）の山頂には、以前、障子ヶ岳城があった。九州で峠

峠の命名には諸説がある

変わった峠名であるが、「あじみ」のいわれには諸説あるという。①宇佐八幡神宮の荘園・勾金《まがりがね》荘が、「安心院《あじむ》氏」によって支配されていたこと、②障子ヶ岳と龍ヶ鼻の鞍部すなわち馬の鞍の古語である「アジム」、③採銅所中野に魚市場があったことから、京都郡豊前海の新鮮な魚介類が運ばれ、峠で鮮度や味見をしたから、など（参考／味見峠案内板）。

障子ヶ岳城跡
（2015.6.22）

味見トンネル
（2015.6.22）

標高：247m

所在地：福岡県田川郡香春町、京都郡みやこ町

道路：県道64号線　苅田採銅所線

調査方法：軽四輪駆動自動車

緯度：33°42:088'　**経度：**130°52:327'

に出城を設けるケースは極めて少ない。1336（建武2）年、足利駿河守統氏が、足利尊氏の命によって築城したといわれ、度重なる戦乱で城主は変わった。戦略上の要衝の地であったため、この城をめぐっていく度か攻防が繰り返されていたのだ。城跡は、牙《きば》城跡《しろあと》とも呼ばれ、中世の山城の姿を極めてよく残している。

　1586（天正14）年、豊臣秀吉の九州平定にともない、黒田孝高《よしたか》の軍によって城は落とされたという（参考／香春町ボランティアグループ　味見会）。味見峠の旧道は、峠部分に桜が植えられ公園として整備されている。香春町側は砂利道のダート区間ではあるが通行可能。みやこ町側は獣道と化しており、廃道に近く、車両の進入は不可能といえる。

　旧道は、かつて経済的な交流、婚姻などの人的交流があったが、1981（昭和56）年に苅田採銅所線として味見トンネルが開通し、旧道は人通りも途絶えてしまっている。

フランシスコ・ザビエルが越えた峠

川内峠《かわちとうげ》

長崎県平戸市【信仰の峠】

広大な大草原で見る360度のパノラマ

長崎県佐世保市の先にある平戸島は、日本の陸路の最西端に位置し、遣唐使の時代から800年にわたり、日本と中国大陸を結ぶ重要な中継港の役割を果たしてきた。1550（天文19）年には、日本で初めてポルトガル船が入港し、1609年（慶長14年）にオランダ商館が置かれた。戦国期から江戸初期にかけて日本で最初の西洋貿易港として繁栄し、イギリスやオランダなど西洋文化との橋渡し役となった。

フランシスコ・ザビエルが平戸にやってきたのは、1550（天文19）年の8月。その後、2年あまりの日本での布教の間に平戸には計3度も訪れている。平戸市には今でも14のカトリック教会が点々と置かれている。1931（昭和6）年には、大天使聖ミカエルに捧げた教会が建てられ、献堂40年のときにザビエル像がその聖堂脇に建てられたことから、「平戸ザビエル記念聖堂」と呼ばれている。

川内峠

平戸の住民の1／10はキリスト教信者である。平戸島の最高峰である安満岳《やすまんだけ》（標高536m）は、神道、仏教、キリスト教の霊山となっており、国の重要文化的景観にも指定されている。

平戸は、美しい海と約30haの大草原が広がっており、面積の1／5は西海国立公園に指定されている。春には約1万2000本のヒラドツツジが咲き誇り、夏はハイキングやキャンプ、秋はススキの大海原と四季を通して楽しむことができる。また、毎年2月上旬に防火と若草の育成のために野焼きを行っている。東京ドーム6・4個分という大平原が炎で包まれる様は圧巻そのもの。

車を降りて丘の頂上に登ると、東に九十九島および西九州連山、北に松浦や玄界灘、遠くには壱岐、対馬を臨み、西に東シナ海や五島列島を一望におさめるなど、360度のパノラマが堪能できる。眼下には古江湾や小富士、生月、大島などが広がっていて、とてもきれいだ。

平戸インフォメーションセンターには、展望台もあり、ここからの景色も一見の価値あり。

川内峠口（2015.6.26）

川内峠　園地ロッジ（2015.6.26）

標高：267m　所在地：長崎県平戸市大野町

道路：国道383号線脇　調査方法：軽四輪駆動自動車

緯度：33°20:401'　経度：129°31:508'

何度も主戦場となった峠
銭瓶峠《ぜにがめとうげ》

大分県臼杵《うすき》市【軍事の峠】

境界石となっている かんかん石

峠の名前の由来は、はっきりしたことはわからないが、昔、泥棒が盗んだ銭を瓶に入れて隠したといういい伝えがあり、峠名もこれに由来するという人もいる。高崎山西側丘陵、標高３３５ｍのところにある銭瓶峠。別府、湯布院、大分、狭間へと通じる十字路に位置し、昔は交通の要衝として栄えた。大分～別府間は、別府湾に面した海沿いを走る道（国道10号線）と高崎山の裏を通って別府に抜ける山側の道（県道51号線）の２本がある。

現在は海側の道が本道だが、昔は山側の道が本道だった。海側の道は距離的には近いが、海岸線に沿って走るのでカーブが多く、波が荒い日は通行止めになることがあるため、安全な山側の道が本道となっていた。

野生のサルに餌づけしていることで有名な高崎山には、古くから城が築かれてきた。山頂に築かれた山城は、難攻不落の堅城として知られていた。高崎山城をめぐっては、幾多の戦いが繰り返され、南北朝時代は肥後の菊池軍を迎え打ち、安土桃山時代には薩摩の島津軍と戦うなど、この峠が主戦場となった。峠付近には、城ノ腰、米山、七蔵司、妻ヶ城など高崎山城にゆかりのある地名や遺跡がたくさん残っている。

峠の交差点には、「銭瓶石」という大きな石が置かれている。石や鉄などで叩くと「カーン、カーン」と音が響くの

鉄瓶峠の鉄瓶石（2015.8.17）

鉄瓶峠
（2015.8.17）

鉄瓶峠（2015.8.17）

で、通称「かんかん石」と呼ばれている。「かんかん石」と呼ばれる多くの石は、硬い讃岐石（サヌカイト）でできているが、ここ峠のかんかん石はサヌカイトではなく、やわらかい角閃安山岩（通称・高崎石）だ。響きのいい音を出す理由は、石の形や置き方に秘密があるという。

　この石の存在は、約２５０年前の江戸時代の文献にも書かれているので、当時から国境を示す境界石として、ここに置かれていたようだ。この道を通った旅人が峠で疲れた体を休め、「カーン、カーン」という音を聞いて、心をなごませたことだろう。

標高：	335m
所在地：	大分県臼杵市
道路：	県道51号線 別府狭間線
調査方法：	軽四輪駆動自動車
緯度：	33°14:521'
経度：	131°30:489'

厳選峠! 33の物語 FILE.32

日本で最初の有料道路だった峠

日見峠《ひみとうげ》

長崎県長崎市【物流の峠】

あまりの急峻で「西の箱根」と呼ばれた

日本で最初の有料道路である。日見峠がある長崎街道は、江戸時代に長崎と小倉を結んだ街道で、総距離約57里（約２２３㎞）、宿場は25以上あり、通行には6～7日を所要した。日見峠は、長崎街道一の急峻な坂道として知られ、「西の箱根」とも呼ばれた。当時、シーボルトや勝海舟もこの峠を越えて江戸に向かったといわれている。

明治時代になり、日見峠の道路改修が計画され、新規に設立された日見峠新道会社によって、新道建設が行われた。約1年4カ月の工期と、当時の金額で約4万７０００円という工費をかけたお陰で、天下の難所といわれた日見峠は、１８８２（明治15）年に無事開通。人力車や馬車などが通行できるようになった。特に大変だったのは、人力車や馬の通行を可能にするため、日見峠を１１０尺（33ｍ）切り下げた切り通しにすること。当時の1円の価値は、今でいうと約1万円といわれている

日見峠
（2015.6.27）

日見峠標記。右側に旧
道への登り道がある
（2015.6.27）

大正時代にできた
日見隧道
（2015.6.27）

ので、現在の価値に直すと４億７０００万円になるだろうか。建設費のオーバー分を償還するために、日本で初めて有料道路にして回収することになった。通行料は、ひとり５厘、人力車２銭、馬車５銭で、１８８４（明治17）年から１８８９（明治22）年まで徴収されていた。現在も往時の雰囲気のままに保たれていることから、１９９６（平成８）年、建設省（現・国土交通省）の歴史国道に選ばれている。

日見隧道は、１９２６（大正15）年に長崎県が２年の月日を経て完成させたもので、全長６４０ｍ、幅７・２ｍは当時の日本最大のトンネルとして注目を浴びた。以来、長崎を代表する交通の動脈として利用されてきた。

大正期の様式を色濃く残した坑門のデザインは秀逸で、２００１（平成13）年に国の有形文化財に登録。そして１９９９（平成11）年には、長さ１０５５ｍの新日見トンネルが完成。４車線化もでき、慢性的な渋滞も解消することになった。

標高：228m

所在地：長崎県長崎市

道路：国道34号線　長崎街道

調査方法：軽四輪駆動自動車

緯度：32°45:040'　**経度：**129°55:268'

日見隧道：1926（大正15）年竣工　延長640m　幅7.2m
新日見トンネル：1999（平成11）年3月竣工　延長1,055m　幅10.75m　高4.5m

国道肥後線最大の難所の峠

津奈木太郎峠《つなぎたろうとうげ》

熊本県芦北町【軍事の峠】

関ヶ原や西南の役で戦場になる

佐敷太郎峠（標高324m）、赤松太郎峠（標高138m）とともに、三太郎峠と呼ばれている。

これらの峠は、国道中最も難所といわれてきた国道肥薩線の急峻な部分をつないだ峠である。国道は、津奈木町のリアス式海岸の海岸線近くを通っており、町は甘夏などの産地としても有名。地名の由来は、古代、景行天皇がこの地の海に舟をつないだ「繋ぎ」からつけられたという。

昔からいくつもの戦いがこの峠を舞台にして行われてきた。関ヶ原の戦いのあと、加藤、鍋島、黒田の連合軍が西軍の島津を討つべく、また、西南の役では、薩摩軍が「新政厚徳」の旗のもとにこの峠を踏み越えて熊本を目指して北上した。極寒の季節の中での強行軍で凍死者も出たという。藩政時代には、薩摩藩が参勤交代に利用した道でもあった。

また、徳富蘆花が1903（明治36）年、馬車に揺られ

津奈木太郎峠（手前）（2015.8.24）

て津奈木太郎峠を通り、紀行文『死の蔭に』を書いたのは有名である。

　1899（明治32）年から1901（明治34）年にかけて旧津奈木隧道の工事が行われた。工事の設計および工事監理したのはオランダ人（ドイツ人説もあり）で、外国人技術者指導の工事である。坑口左右には、石ピラスターと帯石、煉瓦ポータルが施工されている。笠石、帯石、門柱、リングアーチに至るまですべてが石づくりだ。また、煉瓦の積み方は、フランス積みを採用。隧道内部のアーチ部は、煉瓦の長手積み、側壁部は、イギリス積みを採用している。

　普通車同士のすれ違いが可能な幅5・5mが確保されていることは、自動車文化の到来を予測していたものとみられる（参考／一般社団法人九州地域づくり協会）。この隧道は、文化庁の登録有形文化財になっている。1962（昭和37）年には、津奈木トンネル、2017（平成29）年には、南九州自動車道芦北IC、津奈木ICの開通により、新津奈木トンネルが完成した。

明治時代にできた旧津奈木隧道（2015.8.24）

昭和時代にできた津奈木トンネル（2015.8.24）

標高：278m

所在地：
熊本県葦北郡芦北町
大字佐敷、津奈木町

道路：国道3号線
（肥後線・鹿児島街道）

調査方法：
軽四輪駆動自動車

緯度：32°45:040'

経度：129°55:268'

旧津奈木隧道：
1901（明治34）年竣工
延長211.6m　幅5.5m
煉瓦+石ポータル

津奈木トンネル：
1962（昭和37）年2月竣工
延長521.5m

新津奈木トンネル：
2017（平成29）年竣工
延長1,848 m

絶対に行きたい峠120

File. 001　なかやまとうげ

役所職員の死が、開発に火をつけた峠

中山峠

北海道北斗市【軍事、物流の峠】

標高 350m　**所在地** 北海道北斗市　**道路** 国道227号線
大野国道（江差山道）　**調査方法** 軽四輪駆動自動車
緯度 41°56:438'　**経度** 140°27:504'

中山トンネル：1966（昭和41）年12月竣工　延長580m　幅7m

北海道は、明治以降に開発された感が強いが、江戸時代には宗教家や篤志家によって開発が行われていた。函館・江刺間の国道227号線は、重要な動脈。1853（嘉永６）年には、大悲庵道仙、旅籠屋主人・麓長吉、1857（安政４）年には鈴鹿甚右衛門、1870（明治３）年には、現如上《げんにょしょう》人《にん》が江差山道開削に挑んでいる。

官である道庁が大改修をするきっかけになったのは、役所職員の死であった。江差爾志郡《えさしにしぐん》役所の清水三四郎が函館に赴いた折、帰途、吹雪で遭難。道庁は、旅人の難所であったこの山道を２年がかりで整備した。現在のトンネルは、1966（昭和41）年に完成したものだ。

File. 002　おろふれとうげ

年100万人以上の観光客が訪れる峠

オロフレ峠

北海道壮瞥《そうべつ》町【物流の峠】

オロフレとは、アイヌ語で水の中が赤い意味。道道２号線は、地獄谷で知られる登別温泉と支笏洞爺国立公園の洞爺を結ぶ観光ルートで、年間100万人以上の人が訪れる。展望台からは、洞爺湖をはじめ、北の富士山といわれる羊蹄山、樽前山などの雄大な景色が広がっている。

実はこの道路、1900（明治14）年に滝本金蔵が私費を投じて開削した道路が始まりとなっている。以後、改良工事を続けてきたが、特にオロフレ峠～登別間は急勾配、急カーブの連続で冬季は閉鎖されていた。オロフレトンネルを含む本格的な改良工事により、1988（昭和63）年に通年通行できる道路となった。

標高 930m　**所在地** 北海道有珠郡壮瞥町、登別市
道路 道道2号線　洞爺湖登別線　**調査方法** 軽四輪駆動自動車
緯度 42°33:071'　**経度** 141°04:322'

オロフレトンネル：1988（昭和63）年10月竣工　延長935m 幅5.5m　高4.5m

File.003 なかやまとうげ

国道230号線は、札幌を起点とし、久遠郡せたな町までを結ぶ総延長210kmの道路である。札幌から定山渓や洞爺湖温泉に向かう観光道路であるとともに、函館までの最短ルートとなっている。この道路の脇にひとりの僧の銅像が建っている。京都・東本願寺の現如上人である。

1968（明治元）年、新政府は北方からの外国侵略に対処するため、北海道の道路整備を行いたかったが、資金が乏しかった。そこで、東本願寺に懇請。19歳という若き僧侶・現如上人を代表とする僧侶100数十名と仙台支藩の武士なども参加して、約1年で新道が完成。北海道発展の礎を作ったのだった。

東本願寺の僧たちが建設した峠

中山峠

北海道札幌市【物流の峠】

標高 831m　**所在地** 北海道札幌市、虻田郡喜茂別町
道路 国道230号線　中山国道　**調査方法** 軽四輪駆動自動車
緯度 42°51:251'　**経度** 141°5:506'

File.004 みやまとうげ

「北海道」の名付け親の碑がある峠

深山峠

北海道上富良野町【物流の峠】

標高 288m　**所在地** 北海道上富良野町
道路 国道237号線　富良野国道　**調査方法** 軽四輪駆動自動車
緯度 43°31:040'　**経度** 142°26:532'

旭川と富良野の途中にある深山峠。深山峠には、古くからあるログハウスのホテルやトリックアートの博物館がある深山峠アートパークなどの施設が揃っている。近年は大きな観覧車ができて、峠の景観論争が起こったことも耳新しい。

深山峠のまわりは、美瑛をはじめとする美しい丘陵地帯が広がっており、春から秋にかけては美しい花々が咲き誇る。また、遠くには十勝岳連峰の山々が連なり、見る人を魅了する。

1858（安政５）年に、幕府の命を受けて上富良野を探検し、地図製作に貢献した松浦武四郎の碑も峠脇に建っている。彼は「北海道」の名付け親である。

File. 005 じゅかいとうげ

東京大学北海道演習林の中にある峠

樹海峠（三の山峠）

北海道富良野市【物流の峠】

北海道のヘソともいわれる富良野は、文字通り北海道の真ん中に位置している。四方を山々に囲まれた盆地で、西は夕張山地、東は大雪山連峰からなる十勝岳山系の高い山々が威容さを誇っている。テレビドラマ『北の国から』の舞台としても知られ、連続ドラマ終了後40年近く経っても、相変わらず観光客が後を絶たない。

富良野でもうひとつ有名なのが、富良野市の1/3以上の面積を占める東京大学北海道演習林。いつも泥まみれでいることから「ドロ亀先生」と呼ばれた高橋延清先生で有名になった場所だ。峠は、演習林の樹海の中にあることから、この名が付けられた。

標高 476m　**所在地** 北海道富良野市
所在地 国道38号線　狩勝国道　**調査方法** 軽四輪駆動自動車
緯度 43°11:512'　**経度** 142°35:035'

File. 006 にっしょうとうげ

天然林に囲まれた樹海ロードにある峠

日勝峠

北海道日高町【物流の峠】

標高 1,106m　**所在地** 北海道沙流郡日高町、上川郡清水町
道路 国道274号線　石勝樹海ロード　**調査方法** 軽四輪駆動自動車
緯度 42°58:171'　**経度** 142°45:089'
日勝トンネル：1991（平成3）年12月竣工　延長722m　幅員7.5m　高4.7m

峠の展望台からは雄大な十勝平野がのぞめ、新緑や紅葉など四季を通して楽しむことができる。また、濃霧が発生することが多く、運が良ければ雲海に出会える。ただし、冬の日勝峠は注意が必要。スタッドレスタイヤでもスリップしたり、霧で前が見えないこともあるからだ。

日勝峠を通過する274号線は、1965（昭和40）年に日高山脈の稜線を貫通して完成。峠の西側は沙流川の源流部にあたり、トドマツ、エゾマツ、ダケカンバなどの天然林で覆われており、国の天然記念物（沙流川源流原生林）に指定されている。この深い森の中を走っていることから「樹海ロード」と呼ばれている。

File. 007 かりかちとうげ

昭和初期、日本新八景に選ばれた峠

狩勝峠

北海道南富良野町【物流の峠】

標高 644m　**所在地** 北海道空知郡南富良野町、上川郡新得町
道路 国道38号線　狩勝国道　**調査方法** 軽四輪駆動自動車
緯度 43°08:076'　**経度** 142°45:538'

北海道ならではの絶景が広がる場所は道内各地にあるが、この狩勝峠は最も美しい峠のひとつだろう。1927（昭和２）年、大阪毎日と東京日日の両新聞社が、全国の景勝地を募り、日本新八景のひとつに挙げられた。また、アメリカのロイテル通信のＨＣマンデー記者は、「峠から見る十勝平野と大雪・阿寒の山々の眺望は、世界の三大展望に匹敵する」と述べている。峠には展望台が設置され、その眺望を楽しむことができる。

峠の名は、北海道鉄道部長の田辺明郎により1896（明治29）年に名づけられたが、旧石狩国、旧十勝国から１文字ずつ取ったものだ。

File. 008 しおかりとうげ

三浦綾子の小説の舞台となった峠

塩狩峠

北海道和寒町【物流の峠】

許嫁《いいなずけ》との結納の日、鉄道会社に勤務していた主人公・信夫の乗った車両の最後部の連結部がはずれた。ちょうど塩狩峠の頂上に差し掛かるときだった。信夫は乗客を守るためレールに飛び降り、列車の下敷きになり、命を落とす……。三浦綾子の小説『塩狩峠』は、1909（明治42）年に実際に起きた鉄道事故を題材にし、映画化もされている。

峠の近くの塩狩駅には、殉職した駅員・長野政雄の碑のほか、三浦綾子の旧居を移築した塩狩峠博物館がある。国道40号線は、開削した1896（明治29）年当時は、七曲といわれるほど、カーブが急だったが、今はゆるやかなカーブになり大変走りやすい。

標高 260m　**所在地** 北海道上川郡和寒町、比布町
道路 国道40号線　名寄国道　**調査方法** 軽四輪駆動自動車
緯度 43°58:022'　**経度** 142°26:562'

File. 009 せきほくとうげ

旭川から北見への最短ルートにある峠

石北峠

北海道北見市【物流の峠】

標高 1,050m　**所在地** 北海道北見市、上川郡上川町
道路 国道39号線　北見街道　**調査方法** 軽四輪駆動自動車
緯度 43°39:156'　**経度** 143°9:524'

北見市内からは瑠辺蘂《るべしべ》の街を抜け、つづら折りの道を登りながら、徐々に高度を上げた標高1,050mのところに石北峠はある。旭川市と北見市を結ぶ最短ルートであり、道東と大雪をつなぐ分岐点でもある。峠の展望台に立つと、東南方向に阿寒国立公園の雄阿寒岳、背後には大雪山連峰の黒岳、赤岳が迫り、北海道の屋根としての雄大な景観を拝める。

国道39号線は、1936（昭和11）年に工事が開始され、戦争で中断されたあと、1954（昭和29）年、台風15号の被害のため、工事を再開。北海道で初めて大型重機が使われた。四季を通じて美しい景勝地として知られる。

File. 010 まるたてとうげ

落石のために車では行けない峠

丸立峠

北海道紋別市【物流の峠】

標高 525m　**所在地** 北海道紋別市、紋別郡遠軽町
道路 道道306号線（丸瀬布上渚線）　**調査方法** 電動自転車
緯度 44°01:091'　**経度** 143°12:488'

紋別で海に注いでいる渚滑川《しょこつがわ》とサロマ湖を流れる湧別川《ゆうべつがわ》の分水界にある峠。途中、森の中にポツンと建っている人家を見ながら進んでいくと、道はやがて舗装されていない砂利道となる。北海道の道道に関わらず、この荒れた道に寂しささえ覚える。

道道306号線は、北海道紋別市上渚滑町と紋別郡遠軽町丸瀬布中町を結ぶ総延長44.6kmの道路。もともと冬季は通行止めになっていたが、2007（平成19）年以降は落石のため、紋別市および遠軽町ともにゲートは通行止めになっており、乗用車などで行くことはできない。電動自転車を使ったから峠まで到達できたというわけだ。

File. 011 ことうげ

必死の形相で大吹雪の中を進んでいく高倉健演じる徳島大尉。森谷司郎監督が映画『八甲田山』で描いた雪中行軍のすさまじさは、見る者の心を奪った。この舞台となったのが、小峠である。

日清戦争で冬の寒冷地の戦いに苦労をした日本軍は、ロシア軍の侵攻を想定し、1902（明治35）年1月、1泊2日の予定で青森歩兵第5連隊が幸畑陸軍基地を後にする。田代元湯温泉に向かい、翌日、八戸平野に上陸するロシア軍を迎え打つという想定だった。しかし、猛吹雪に遭い、3昼夜孤立して210名中、193名が死亡（救助後6名死亡）した最悪の事故だった。小峠は、今でも冬季は閉鎖されている。

八甲田山の悲劇が起こった峠

小峠

青森県青森市【物流の峠】

標高 373m　**所在地** 青森県青森市
道路 県道40号線（田代街道）　**調査方法** バイク
緯度 40°44:691'　**経度** 140°49:844'

File. 012 ごりんとうげ

宮沢賢治が何度も訪れた思い出の峠

五輪峠

岩手県遠野市【物流の峠】

標高 標高: 556m　**所在地** 岩手県遠野市、奥州市、花巻市
道路 県道174号線（小友米里線）　**調査方法** バイク
緯度 39°15:496'　**経度** 141°21:708'

五輪とは、地、水、火、風、空の総称で、この世界を構成している5大要素という仏教的な元素論である。江戸時代、大内沢屋敷上野が、葛西大崎一揆で戦没し、その子の日向が父の菩提のために道路を開削し、寛永年間に峠の頂上に五輪石※を建てたことから、この名がついた。

宮沢賢治はお気に入りだった種《たね》山《やま》ヶ《が》原《はら》の隣にある五輪峠にも何度か足を運んでいたようだ。1924（大正14）年には、五輪峠を越えて水沢にある緯度観測所まで出かけていた。そこで詠んだ詩が碑となって峠に置かれている。また、五輪峠は、文部科学省により「イーハトーブの風景地」に指定されている。

※五輪石…仏教的な元素を形にしたもので、地（方形）、水（円形）、火（三角形）、風（半月形）、空（宝珠形または団形）の石を積み上げて塔にしたもの

File. 013 せんにんとうげ

日本有数の製鉄所に行く峠

仙人峠

岩手県釜石市【物流の峠】

釜石市と遠野市との間にあり、北上山地越えの難所に当たる峠。峠の名前のいわれには諸説あり、「遠野物語に出てくる仙人が住んでいたため」、また「山麓の鉱山で1,000人の炭鉱夫が生き埋めにあった」などがある。徒歩で越えるには3時間ほどかかり、明治末期まで、駕籠《けいが》と呼ばれるカゴで往来し、大きな荷物は馬か人夫に頼っていた。

江戸時代末期に盛岡藩士・大島高任《たかとう》が、大橋の地に洋式高炉を築造して製鉄を開始。明治に入り官営製鉄所になるが、その後頓挫し、民間の釜石鉱山に引き継がれた。そして、鉱石と木炭を運搬する鉱山鉄道が1872(明治4)年に開通した。

標高 887m **所在地** 岩手県釜石市、遠野市
道路 国道283号線旧道(釜石街道) **調査方法** バイク
緯度 39°16:444' **経度** 141°40:718'
仙人隧道:1969(昭和44)年竣工(有料) 延長2,528m 幅5.1m
仙人トンネル:2007(平成19)年竣工 延長4,485m 仙人峠道路(自動車専用)

File. 014 じゅうおうとうげ

月山や湯殿山へ参詣に行く峠

十王峠

山形県鶴岡市【信仰の峠】

標高 480m **所在地** 山形県鶴岡市
道路 国道112号線脇(旧六十里越街道) **調査方法** バイク
緯度 38°36:455' **経度** 139°52:997'

この峠には、閻魔大王など十体の木彫の仏像があったことから十王峠と呼ばれる。旧六十里越街道は、山形市から出羽丘陵の大岫峠を越え、庄内の鶴岡に至る街道である。

標高1,984mの月山、1,500mの湯殿山、418mの羽黒山を合わせて出羽三山と呼ばれ、昔から修験者や参拝客が多く訪れていた。「日本百名山」にも数えられる月山や湯殿山を望むこの十王峠の道は、お参りする人で大変にぎわい、茶屋もあったという。夏は、昼間の暑さを避けるため夜間の登人も多く、それらの人の安全確保のため、1880(明治13)年に入ってから頂上には常夜灯も灯された。

File. 015　ささやとうげ

出羽藩と仙台藩の攻防の場になった峠

笹谷峠

山形県山形市【軍事の峠】

標高 906m　**所在地** 山形県山形市、宮城県柴田郡川崎町
道路 国道286号線（笹谷街道）　**調査方法** バイク
緯度 38°13:703'　**経度** 140°28:199'

峠がある笹谷街道は仙台と山形を最短距離で結ぶことから、頻繁に利用されてきた。ただし、峠道は長い急坂が続き、高さ２m以上になる豪雪、激しい吹雪によって道に迷う者も多く、寒さにとじこめられて凍死した者も後を絶たなかった。

戦国時代の天正年間（1573～1592年）には、山形の最上氏が仙台藩の伊達氏と対立するようになり、この峠は両者の攻防の焦点となった。1622（元和８）年、最上氏が改易没収処分（身分を剥奪し、所城や屋敷を没収）になると、仙台藩の出動部隊がここを通行するなど、この道が出羽方面からの通路となっていた。

File. 016　かなやまとうげ

山形盆地を一望できる峠

金山峠

山形県上山市【軍事の峠】

標高 580m　**所在地** 山形県上山市、宮城県刈田郡七ヶ宿町
道路 県道13号線上山七ヶ宿線（旧羽州街道）　**調査方法** バイク
緯度 38°03:431'　**経度** 140°17:872'

峠からは山形盆地を一望にでき、開放感に浸れる絶景の場所となっている。陸奥と出羽の国境にある峠であり、西奥羽地方の大名の参勤交代で使われたほか、出羽三山詣での人々や旅人でにぎわっていた。1691（元禄4）年に久保谷（秋田）藩主である佐竹公が寄進した不動尊堂の前で、旅人は道中の安全を祈願していたという。

1883（明治16）年、峠の脇に県道が開通したため、現在は旧街道の人通りはほとんどない。しかし、金山峠から樽下宿までの街道は、江戸時代の面影を残す道として、1997（平成９）年９月に国の史跡「羽州街道　樽下宿・金山越」に指定された。

File. 017 かやとうげ（別名／大塩峠、茶屋峠）

伊達政宗の伝説が残る峠

萱峠

福島県北塩原村 【軍事の峠】

標高 792m（旧萱峠：標高約850m）
所在地 福島県耶麻郡北塩原村 **道路** 姥湯林道
調査方法 バイク **緯度** 37°48:724' **経度** 140°14:208'

福島県会津地方と山形県置賜地方を結んでいるが、主道路である国道121号は、この峠を通っていない。萱峠の名はこのあたりが萱の山であったことによる。大塩の山塩（温泉水を煮詰めた塩）生産のために樹木を伐採したため、萱の山になったと推測される。大塩峠、茶屋峠とも呼ばれ、大塩は地名、茶屋は江戸時代の初めから昭和10年まで一軒の茶屋があったことから。

1585（天正13）年、伊達政宗がこの峠に立ち、ここから桧原に引き返したという。このとき、大塩柏木城兵のくのゝき八郎、関源太郎、遠藤文七などが、伊達勢の「先手衆九人」を討ち取ったと伝えられる。

File. 018 こさかとうげ

東北地方の参勤交代の峠

小坂峠

宮城県白石市【軍事の峠】

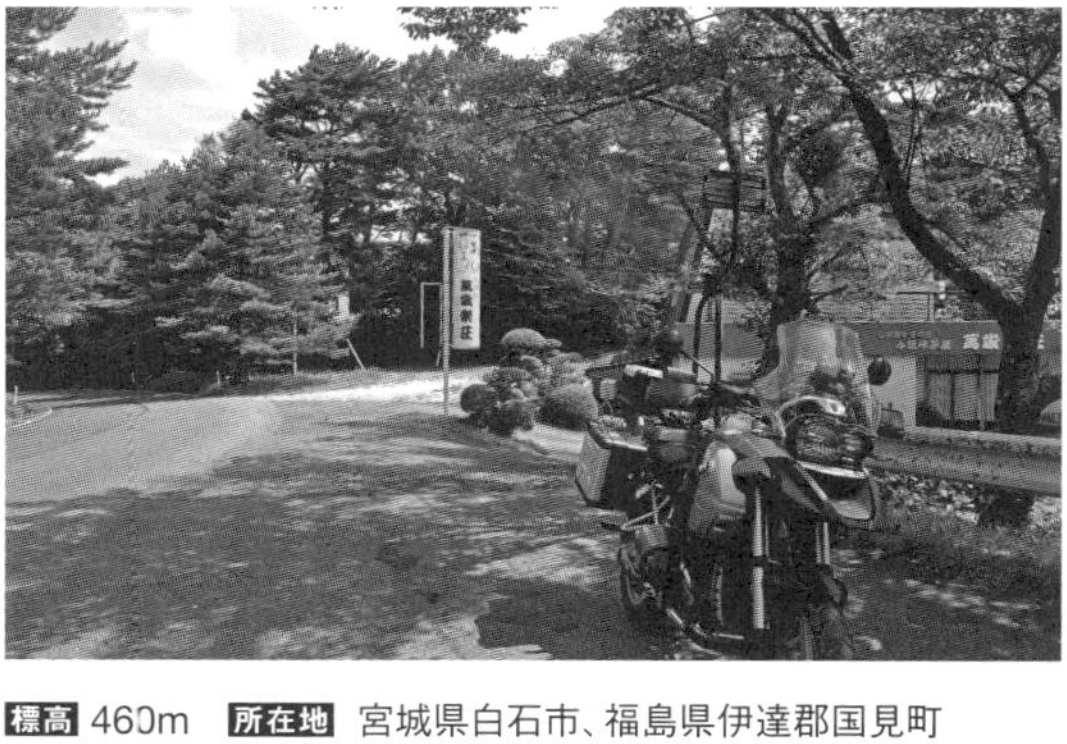

標高 460m **所在地** 宮城県白石市、福島県伊達郡国見町
道路 県道46号線 旧羽州街道（白石国見線） **調査方法** バイク
緯度 37°54:191' **経度** 140°30:918'

出羽国の幹線道として重視されていた羽州街道の一部。カーブが連続した険しい峠道だったことから、羽州街道の難所のひとつとされ、峠越えの苦痛をお産の苦しみに例えて、産坂《さんざか》とも呼ばれていた。江戸時代は、出羽地方からの本道といわれ、秋田藩が参勤交代に利用したのを皮切りに、17藩の大名が参勤交代で往来した。

伊達宗遠・政宗の親子は、この街道伝いに出羽国置賜郡に攻め入り、長井道広から長井荘を奪って支配下に置いた。宮城県側に少し下ったところにある萬《まん》蔵《ぞう》稲荷神社は1785（天明５）年頃に建てられ、朱塗りの鳥居のトンネルが見事だ。

File. 019 ごれいびつとうげ

神霊を移した石から名前がついた峠

御霊櫃峠

福島県郡山市【軍事の峠】

その昔、郡山と会津地方との重要な交通路であった。御霊櫃峠から額取山にかけての一帯は、山ツツジの名所として有名で、5月下旬〜6月上旬の開花期には山全体、真赤な花でいっぱいになる。また、峠からは猪苗代湖や郡山の市街地が一望できる。

地名の由来は、平安時代後期の「前九年の役」で、源義家の家臣・鎌倉権五郎景政が、近くを平定して御霊の宮を造営。鎮護を祈ったが、災害が相次いだため霊石に神霊を移して、その石を御霊櫃と呼んだことから。

また、この峠は戊辰戦争の古戦場であり、頂上付近には保塁《ほうるい》石（土砂などで作った陣地）跡が残り、当時の面影を伝えている。

標高 876m　**所在地** 福島県郡山市
道路 林道御霊櫃線　**調査方法** バイク
緯度 37°25:996'　**経度** 140°11:876'

File. 020 しらぶとうげ

自転車の大会が行われる峠

白布峠

福島県猪苗代町【軍事の峠】

標高 1,405m　**所在地** 福島県耶麻郡猪苗代町、山形県米沢市
道路 県道2号線（米沢猪苗代線）　**調査方法** バイク
緯度 37°45:014'　**経度** 140°05:536'

通称・西吾妻スカイバレーと呼ばれる長さ17.8㎞の県道2号線。2005（平成17）年から無料開放されている。

福島側の裏磐梯は、桧原湖、小野川湖、秋元湖などの湖が点在する人気のスポット。沿線には錦平や双竜峡、赤滝、黒滝などの景勝地がある。峠から米沢側に下りると、素晴らしい眺望が待っている。紅葉シーズンには木々が赤く染まり、東北屈指の紅葉の名所になっている。ただし、冬季は通行止めになる期間がある。毎年9月には、距離約16㎞、標高差580ｍの「裏磐梯スカイバレーヒルクライム大会」という自転車レースも行われている。

File. 021　かなざわとうげ

雄国沼湿原を見るための峠

金沢峠

福島県喜多方市【軍事の峠】

峠に行くには、雄国《おぐに》林道と中道地林道があるが、喜多方市熊倉から峠に向かう雄国林道が一般的。峠に至る林道は狭く、急勾配とカーブの連続ですれ違いが難しいため、6月～7月の混雑期は林道が通行止めとなり、雄国平駐車場からシャトルバスを利用しなければならない。

金沢峠から雄国沼（面積45ha）までは徒歩で30分ほど。雄国沼は猫魔ヶ岳の大爆発により、噴出した溶岩流や火砕流でできたカルデラ湖である。ニッコウキスゲの大群落があることで知られ、雄国沼湿原植物群として国の天然記念物に指定されている。沼には約800mの木道も整備されている。

標高 1,150m　**所在地** 福島県喜多方市熊倉町雄国、耶麻郡北塩原村桧原　**道路** 雄国林道（中道地林道）　**調査方法** バイク
緯度 37°37:237'　**経度** 139°59:726'

File. 022　かしとうげ

点線国道（酷道）の峠

甲子峠

福島県下郷村【物流の峠】

標高 1,400m　**所在地** 福島県南会津郡下郷町、西白河郡西郷村
道路 国道289号線（林道甲子線）　**調査方法** バイク
緯度 37°11:806'　**経度** 139°58:666'
甲子トンネル：2007（平成19）年3月竣工　延長4,345m　幅7.5m　高4.7m

国道289号線は、太平洋と日本海を結ぶ幹線ルートのひとつとして、1970（昭和45）年に国道として認定され、現在では総延長約306㎞にもなっている。以前、甲子峠の区間は点線国道（酷道）といわれ、甲子温泉までは点線で示される登山道で結ばれていた。甲子トンネル開通前までは、登山道に国道289号線の標識も設置されていた。

2007（平成19）年には、甲子道路が竣工。甲子大橋や甲子トンネルなど、大規模かつ高度な技術を要する構造物が施工されている。工事は苦難を強いられ、湧水、岩盤崩れによる大量出水、地層の地すべりなどを克服して、完成させた道路である。

File. 023 いちのとうげ

イザベラ・バードが眺望を愛でた峠

市野峠

福島県下郷村【軍事の峠】

標高 870m **所在地** 福島県南会津郡下郷町大内、大沼郡会津高田町旭市川 **道路** 県道121号線脇（下野街道）
調査方法 バイク **緯度** 37°21:584' **経度** 139°51:753'

下野街道は江戸時代に確立した道で、栃木県の今市市（現・日光市）から福島県の会津若松市までを結んでいる。この峠は、会津盆地と南山地方を結ぶ大切な接点であった。峠を越えて、今では一大観光地となった大内宿にも行っていた。新潟や山形の大名が参勤交代でこの峠を利用したほか、地元で採れた麻やたばこなどを江戸に運んでいた。

1878（明治11）年、英国人女性旅行作家、イザベラ・バードは、『日本奥地紀行』の中で「雄大な市野峠を登った（中略）平野は深い藍色に包まれ（中略）遠くそびえる山々は深雪を頂いている」と、峠から見える美しい眺望を愛でている。

File. 024 ふねはなとうげ

3つの町村が交わる峠

舟鼻峠

福島県下郷町【物流の峠】

標高 1,033m **所在地** 福島県南会津郡下郷町、南会津郡南会津町、大沼郡昭和村 **道路** 国道400号線 **調査方法** バイク
緯度 37°15:546' **経度** 139°42:482'

舟鼻トンネル：1992（平成4）年10月竣工　延長625m　幅6.0m　高4.7m

茨城県水戸市から福島県西会津町を抜ける国道400号線。舟鼻峠は、南会津郡下郷町、南会津町と大沼郡昭和村の境界に位置する。峠は幅が狭く、急勾配、急カーブが連続しており、交通の難所となっていた。

大窪林道は、舟鼻峠から駒止峠（駒止湿原）を結ぶ稜線にある道だ。江戸時代には年貢金、年貢米の搬送や野尻村（現・昭和村）からの麻の出荷に利用されていたという。冬は閉鎖されていたが、1992（平成４）年の舟鼻トンネルの開通により、通行が可能となった。さらに、舟鼻トンネル昭和側のスノーシェルター設置工事と白森山地内の道路拡幅工事が行われた。

File. 025 とうげえき

峠が駅になっている峠

峠駅

山形県米沢市【産業の峠】

標高 626m　所在地 山形県米沢市
線路 JR東日本　奥羽本線(山形新幹線)　調査方法 バイク
緯度 37°48:738'　経度 40°14:130'

全国でも珍しい峠が駅になっている場所だ。JR東日本奥羽本線の駅で、山形新幹線も走っている。奥羽本線の中で最も標高が高い場所にあり、ここを境に両側が下り坂になっている。錆びたスノーシェルターが全体を覆い、駅構内はひっそりとした佇まいを見せている。

奥羽本線の米沢から福島の区間は1899（明治32）年に開業。赤岩、板谷、峠、大沢の駅間は急勾配になっており、1990（平成２）年の山形新幹線開業まで、４駅連続でスイッチバックをしていた難所中の難所だった。現在は無人駅となっている。峠駅周辺一帯は、近代化産業技術遺産に選ばれている。

File. 026 おおうちとうげ

戊辰戦争の砲弾が残る峠

大内峠

福島県会津若松市【軍事の峠】

下野街道は、栃木県今市市（現・日光市）から会津城下まで結ぶ全長32里（約125㎞）の道。会津、庄内、米沢などの東北の大名が参勤交代で利用していた。

戊辰戦争が熾烈な戦いを極めていた1868（慶応４）年８月、西軍は激戦を経て大内宿まで入ってきた。すでに撤退していた会津軍は、大内峠の尾根伝いに陣を張り、西軍と３日間、決死の覚悟で戦いを挑んだという。

峠の近くにある大内沼や峠の茶屋跡からは砲弾が発見されている。「戦死二十四人の墓」は、当初、下郷町に残されていたものだが、大内ダムを作るにあたり、峠の横に移転設置された。

標高 900m　所在地 福島県会津若松市、南会津郡下郷町
道路 県道131号線　下郷会津本郷線脇(下野街道)
調査方法 徒歩　緯度 37°21:252'　経度 139°52:489'

File. 027　さかいのみょうじんとうげ

松尾芭蕉が句を残した峠

境の明神峠

福島県白河市【軍事の峠】

「風流のはじめや奥の田植之唄」。松尾芭蕉が境の明神で詠んだ句といわれている。芭蕉とともに奥の細道を旅した曽良の日記によると、1968（元禄２）年の４月20日に詠んだ句で、現代では６月上旬。まさに田植えの時期であった。

境の明神は、陸奥（福島）の白河市と下野（栃木）の那須町の県境に２社並立している。陸奥側の境の明神は、玉津島明神を祀り、下野側は住吉明神を祀っている。峠がある旧奥州街道は五街道のひとつで、参勤交代で通ったほか、人々の往来も盛んであった。社には多くの灯篭が寄進されていることから、重要な場所であったことがわかる。

標高 421m　**所在地** 福島県白河市白坂明神、栃木県那須郡那須町
道路 国道294号線　旧奥州街道　**調査方法** 軽四輪駆動自動車
緯度 37°04:081'　**経度** 140°11:092'

File. 028　みょうほうじとうげ

原油が湧き出した峠

妙法寺峠

新潟県刈羽村【物流の峠】

標高 171m　**所在地** 新潟県刈羽郡刈羽村
道路 県道393号線脇　**調査方法** バイク
緯度 37°25:912'　**経度** 138°40:851'

沖見峠トンネル：2000（平成12）年竣工　延長1,080m　幅8.5m 高4.7m

古くは日本でも石油が採れていたことはご存じだろうか？ここ妙法寺の山中からは原油が湧出していた。『日本書紀』にも「越国から燃える水献上」と記されている。江戸時代には、灯火として石油が使われ、年貢を石油で納めていた者もいた。明治時代に入り、さらに石油の需要が高まり、多くの事業者が手掘り採掘をしていたという。

妙法寺峠は、柏崎と長岡を結ぶ長岡街道にあり、西山町と刈羽村飛び地の境に位置する。山頂は沖見峠になっており、妙法寺側からは通行不能。かつて峠の頂上から妙法寺側に少し下ったところに茶屋があり、現在もその跡が残っている。

File. 029 おぐにとうげ

西山山系にある峠

小国峠

新潟県小千谷市【軍事の峠】

標高 384m　**所在地** 新潟県小千谷市東吉谷
道路 国道403号線(郡殿ノ池上部：林道郡殿線・農道合流点)
調査方法 バイク　**緯度** 37°17:029'　**経度** 138°45:153'
小国隧道：1950(昭和25)年竣工　延長295m　幅4.5m　高3.8m
素堀トンネル(煉瓦＋石ポータル)　日本近代土木遺産

信濃川と渋海川の分水嶺となる小千谷市と長岡市小国との境に位置する。北は時水城跡のある城山（標高384m）、南は向山（標高339m）などが連なり、西山山系と呼ばれる。郡殿の池駐車場から林道郡殿線を走り稜線で向山方面分岐を経て、農道と合流している。峠の合流点脇には池沼と祠があり、とても静かな場所で、稜線部は西山山系遊歩道が整備されている。

この地域は、わが国有数の豪雪地帯で、多くの雪崩崩壊地形の地すべりが見られる。地元では地域振興のため、「越後カントリー・トレイル・ランニング大会」が実施され、この小国峠も53kmのコースに含まれている。

File. 030 いかずちとうげ

戊辰戦争で庄内藩が待ち受けた峠

雷 峠

新潟県山北町【軍事の峠】

標高 350m　**所在地** 新潟県岩船郡山北町雷、山形県西田川郡温海町関川　**道路** 県道52号線(山北関川線)　**調査方法** バイク
緯度 38°30:335'　**経度** 139°40:728'

新潟県山北町にある「雷」の地名から名づけられたが、山形県側の関川の地名から、関川峠ともいう。関川は、戊辰戦争で本州最後の激戦地であった。1868（慶応４、明治元）年１月、庄内藩討伐の指令が出され、新政府軍が庄内藩に攻め入った。攻守を繰り返すが、ついに９月に庄内藩が謝罪を求め、終戦となる。庄内藩がただ一カ所、新政府軍の占拠を許したところであり、以後、村人は極貧生活を余儀なくされることになる。

国道だが、峠に至る道は狭い。平沢から関川の間の道は大型車の通行は不可である。しかし、峠は広々としていて、『関川戊辰の役激戦地跡』の碑もある。

File. 031 ほうろくとうげ

生活道路として陳情の末開通した峠

炮烙峠

群馬県藤岡市【物流の峠】

標高 862m **所在地** 群馬県藤岡市上日野
道路 林道奈良山線 **調査方法** 軽四輪駆動自動車
緯度 36°11:059' **経度** 経度138°54:119'

群馬県藤岡市日野と甘楽町秋畑とを結ぶ林道奈良山線にある。この林道は、昭和40年ごろまでは炮烙峠越えの峠道として人馬の行き交う輸送路であった。峠を介して生活物資はもちろん、文化に至るまで両地方の交流を深めていた。

峠から少し降りると浅間山を中心にした上毛三山をはじめ、御荷鉾《みかぼ》、赤久縄《あかぐな》連山が眺められる。夏にはキキョウなどが咲き乱れている。旧峠道は道幅も狭く、一般車両の通行は困難な状況であったが、地域をあげて県に陳情し、2006（平成18）年に道幅４m、長さ2,351mの林道が完成。車での行き来がしやすくなった。

File. 032 ふじみとうげ（野反峠）

晴れた日には富士山が見えることから、富士見峠、また、峠に立つと眼下に野反湖《のぞりこ》が広がることで野反峠とも呼ばれる。

2,000m級の高い山々に囲まれた野反湖は、標高1,513mの分水嶺にあった自然湖をかさ上げした人造湖。太平洋側は白砂川、吾妻川、利根川になって注ぎ、日本海側は、魚野川、中津川、信濃川を経由している。

野反湖は、標高の高さから「天空の湖」と呼ばれている。毎年、６月１日に山開きが行われ、６月下旬にはレンゲツツジ、７月中旬には野反キスゲの群生が見られ、観光客でにぎわっている。また、東京電力が野反ダムで発電を行っている。

ふたつの名前を持つ峠

富士見峠

群馬県中之条町【軍事の峠】

標高 1,561m **所在地** 群馬県吾妻郡中之条町
道路 国道405号線 **調査方法** バイク
緯度 36°41:559' **経度** 138°39:308'

調査協力／國學院大學合気道部OB 鵜沢勝彦（炮烙峠）

File. 033　まんきとうげ

火薬の材料になる硫黄を運んだ峠

万騎峠

群馬県吾妻町【物流の峠】

標高 1,370m　**所在地** 群馬県吾妻郡吾妻町須賀尾、長野原町
道路 国道406号線支線（万騎林道）旧信州街道
調査方法 バイク　**緯度** 36°30:270'　**経度** 138°38:280'

信州街道の須賀尾峠（現・吾妻町）と狩宿宿（現・長野原町）の間にあり、かつては草津への湯治客、善光寺の参詣客などの旅人でにぎわったという。また北信濃の須坂藩、飯山藩、松代藩はこの峠を越えて城米や特産のそば、草津白根山などで産出した火薬の材料となる硫黄などを江戸へと運んでいた。しかし1893（明治26）年に信越本線が開通すると、峠道は次第にさびれていった。

峠名は、1193（建久４）年、源頼朝が万騎の兵で峠を越えたという説と、峠越えのときに勢子《せこ》に化けた狐や狸の邪魔を防ぐため、陣笠に卍と書いた万字峠がなまったという説がある。

File. 034　まさかとうげ

帝釈山の登山口にある峠

馬坂峠

福島県檜枝岐《ひのえまた》村　【軍事の峠】

福島県檜枝岐村と栃木県日光市（旧栗山村）を結ぶ長距離の川俣檜枝岐林道にある。馬坂峠は、帝釈山（標高2,060m）への登山口となっている。馬坂峠にある案内板に沿って登って行き、50分ほどで山頂に到着できる。１時間以内で2,000m級の山頂に立てる場所は少ない。

檜枝岐村から林道舟岐線を２kmほど行くと、１車線砂利道の林道となる。幅が狭く、急カーブが多いため、幅２m全長７m以下の車両しか通行できない。曲がりくねった道をさらに40分ほど行くと、馬坂峠に到着。峠は、約20台駐車することが可能。峠から500mほど日光側に下ると帝釈山の山頂が望める。

標高 1,790m　**所在地** 福島県南会津郡檜枝岐村、栃木県日光市
道路 川俣檜枝岐林道　**調査方法** バイク
緯度 36°57:832'　**経度** 139°27:516'

File. 035　おいわけみょうじんとうげ

「白河関跡」がある峠

追分明神峠

栃木県那須町【軍事の峠】

標高 482m　所在地 栃木県那須郡那須町、福島県白河市旗宿
道路 県道76号線　伊王野白河線　調査方法 軽四輪駆動自動車
緯度 37°01:263'　経度 140°13:457'

県境をはさんで両側に「住吉神社」（陸奥=福島側）と「玉津島神社」（下野=栃木側）があったことから明神といわれる。現在は、玉津島神社のみが残されている。791（延暦10）年、征夷大将軍の坂上田村麿が源義家などの反乱制定のために征夷の途中に勧請したものと伝えられている。「境の明神」とともに、道中の安全の神として、人々に愛されてきた。

峠の手前にある「白河関跡」は、奥州三関のひとつに数えられる関所。江戸後期まで関の場所が不明だったが、白河藩主松平定信の考証により、この地が特定され、経緯を記した「古関蹟」が建てられた。

File. 036　つまさかとうげ（都魔坂峠）

妻と名残を惜しんだ峠

妻坂峠

埼玉県横瀬町【軍事の峠】

標高 839m　所在地 埼玉県秩父郡横瀬町、入間郡名栗村
道路 中山林道　調査方法 徒歩
緯度 35°56:016'　経度 139°07:175'

埼玉県西部の名栗村と横瀬町との境に位置し、奥武蔵大持山（上り１時間30分）と武川岳（上り45分）の鞍部となっている。

秩父から江戸、鎌倉へと通じる主要道路であった。鎌倉時代に秩父の荘官、畠山重忠が鎌倉に遠征するとき、妻を峠まで見送らせ、名残を惜しんだのが峠の名前の由来である。室町末期の1572（元亀３）年、小田原の北条氏を攻撃した上杉謙信が、飯能から麓の名栗川を越えて出陣し、妻坂峠を通って大持山に陣を取ったという記録がある。古くは、根古谷《ねごや》絹を江戸に運ぶ秩父シルクロードとして栄えた峠であるが、現在は、登山道の峠となった。

File. 037 はたとうげ

埼玉県第1号の煉瓦巻トンネルのある峠

畑峠

埼玉県飯能市【物流の峠】

埼玉県飯能市下畑地区、国道28号線の西側を通る旧道に畑峠はある。北に進むと「車両通行止」のゲートがあるが、徒歩では進むことが可能だ。この先にある畑トンネルは、1987（昭和62）年に青梅飯能バイパスができるまでは、77年間にわたり地域に役立っていた。

埼玉県の飯能市と東京都の青梅市の間では、経済ばかりでなく文化の交流も盛んな関係にあった。しかし、行き来をするには、大きく迂回をしなければならなかった。そこで当時の飯能村長と南高麗村村長がトンネル開削を陳情。1910（明治43）年に埼玉県で初となる煉瓦巻のトンネルが完成したのだった。

標高 179m　**所在地** 埼玉県飯能市下畑
道路 県道28号脇（旧青梅飯能線）　**調査方法** 徒歩
緯度 35°50:430'　**経度** 139°17:387'
畑トンネル:1919（明治43）年竣工　延長78.3m　幅4.07m　高3.9m　煉瓦巻き

File. 038 ふえふきとうげ

足利尊氏が制圧した峠

笛吹峠

埼玉県鳩山町【軍事の峠】

標高 80m　**所在地** 埼玉県比企郡鳩山町須江、嵐山町将軍沢
道路 県道41号線（松山越生線）　**調査方法** 軽四輪駆動自動車
緯度 36°00:324'　**経度** 139°19:446'

鳩山町と嵐山町の境にある。路面は舗装路で、道もなだらかで標高も80mと低いが、峠からは、上州の山々、秩父連峰が見える。

1352（正平７）年、新田義宗（新田義貞の３男）たちが宗良親王を奉じて、武蔵野にある小手指が原で足利尊氏と戦い、最終的に敗れたのがこの地である。足利尊氏はこの戦い以降に、完全に関東を制圧していき、新田義宗たちは越後に落ちていった。この戦いのときに、宗良親王が月明りの下で笛を吹いたことから峠名が命名されたという。

このあたりは、奈良時代に窯業の中心地として栄え、古窯跡が数多く見られる。

File.039 こまとうげ

奥多摩自然歩道にある静かな峠

高麗峠

埼玉県飯能市【ハイキングの峠】

標高 170m　**所在地** 埼玉県飯能市宮沢
道路 奥武蔵自然歩道　**調査方法** 電動自転車
緯度 35°52:360'　**経度** 139°19:103'

秩父山地の東麓、高麗川の谷口にある高麗本郷。８世紀初頭、朝鮮半島から渡ってきた高麗人が集団移住した地として知られている。高麗郡の中心地であり、高麗峠は、高麗本郷と飯能を結ぶ役目をしていた。西武池袋線の高麗駅と東飯能駅の中間の東側、奥多摩自然遊歩道の尾根伝いの場所に位置している。

周辺には、武蔵丘ゴルフコースと新武蔵丘ゴルフコースがあり、峠からは、コースでプレーする人の声が聞こえるほど、ゴルフ場に近い。1974（昭和49）年に創刊され、38年間続いた同名の飯能の文芸誌「高麗峠」は、奥武蔵の風土に根ざした詩、俳句、短歌などを掲載してきた。

File.040 じゅうもんじとうげ

天空にアズマシャクナゲが咲き誇る峠

十文字峠

長野県川上村【物流の峠】

標高 2,035m　**所在地** 長野県南佐久郡川上村、埼玉県秩父市
道路 中津川林道脇　**調査方法** 徒歩
緯度 35°56:342'　**経度** 138°44:048'

長野県南佐久郡川上村と埼玉県秩父市の県境に位置する。奥秩父山麓の北部にあり、秩父多摩甲斐国立公園に指定されている。甲武信ヶ岳と三国山を結ぶ尾根筋と信州路が十文字に交わることが峠名の由来。

長野県と埼玉県の交易道として、江戸時代以前から発展しており、多くの人の往来があった。東の栃本には関所が置かれ，栃本から１里（約3.9㎞）ごとに石づくりの観音像が安置され、旅人の安全を祈願した。

中央分水嶺で長野県側の千曲川、埼玉県側の荒川の源流となっている。６月上旬から中旬に咲き誇るアズマシャクナゲの群生地として有名な場所でもある。

File. 041　こぼとけとうげ

戦国時代の関所跡がある峠

小仏峠

東京都八王子市【軍事の峠】

標高 560m　**所在地** 東京都八王子市裏高尾町、神奈川県相模原市
道路 国道20号線脇（旧甲州街道）　**調査方法** 徒歩
緯度 35°38:102'　**経度** 139°12:596'

小仏峠は、武蔵国（東京）と相模国（神奈川県）の国境にある。1573（天正元）年から1592（文禄元）年に、北条氏照が小仏関所を峠に設置。その後、関所は北条氏の滅亡により江戸時代に小仏から駒木野に移され、1869（明治２）年の大政官布告で建物は壊され、現在、小仏関所跡が残されている。

小仏峠は交通の要路であり、特に富士山の参詣者がここを越えたことから、小仏関所は、富士関とも呼ばれていた。今では、高尾山や陣馬山など周辺の山々をめぐるハイキングコースの要衝となっており、訪れる観光客は多い。峠には、タヌキの置物が峠名と一緒に飾られている。

File. 042　ふじしろとうげ

東京にある人工の峠

藤代峠

東京都文京区【庭園の峠】

標高 35m　**所在地** 東京都文京区
道路 都道不忍通り　JR山手線、東京メトロ「駒込駅」
調査方法 徒歩　**緯度** 43°44:029'　**経度** 139°44:769'

ひとつ番外編の峠をご紹介。大都市・東京「六義園《りくぎえん》」にある標高35mの峠である。六義園は、明治時代に財閥である岩崎弥太郎（三菱創設者）が所有していた庭園で、1938（昭和13）年に東京都に寄付され一般公開されている。1953（昭和28）年には、国の特別名勝に指定。

六義園は、1695（元禄８）年、柳沢吉保が５代将軍・徳川綱吉より与えられた土地に、自ら設計・指揮した「回遊式築山泉水庭園」。藤代峠は園内で一番高い築山で、「富士見山」と呼ばれる頂上から見る庭園は、美しいのひとこと。紀州（現在の和歌山）にある同名の峠と景色が似ていることから名づけられた。

県道53号線の青梅市成木から埼玉県飯能市名栗地区に向かうと、小沢トンネル手前の分岐道の入口に「小沢峠　昭和49年6月開通記念」と刻んだ大きな石碑がある。ここが旧道の入口である。林道は、登山用と伐採用に分かれているが、伐採用の方が楽に到達できる。

小沢峠は、鎌倉街道の峠のひとつで、ほぼ真下に小沢トンネルが通っている。鎌倉街道は、中世のころ東国の武士たちが彼らの居館と鎌倉との往還の際に踏み固めた道筋が、街道になったといわれている。道筋には、上ノ道、中ノ道、下ノ道、山ノ道などがあり、小沢峠の道筋は山ノ道にあたる。

File. 043 おざわとうげ

旧鎌倉街道にある峠

小沢峠

東京都青梅市【軍事の峠】

標高 390m　**所在地** 東京都青梅市成木、埼玉県飯能市
道路 県道53線（青梅秩父線）鎌倉街道　**調査方法** 軽四輪駆動自動車
緯度 35°50:278'　**経度** 139°11:488'
小沢トンネル：1972（昭和47）年竣工　延長475m

File. 044 あしがらとうげ

足柄金太郎がいた峠

足柄峠

神奈川県南足柄市【軍事の峠】

標高 759m　**所在地** 神奈川県南足柄市、静岡県駿東郡小山町
道路 県道78号線、県道731号線（御殿場大井線・矢倉沢仙石線）
調査方法 バイク　**緯度** 35°19:100'　**経度** 39°00:430'

童謡にも登場する足柄山の金太郎は、実在する人物だった。976（天延4）年、足柄峠にさしかかった源頼光と出会い、その力量を認められて家来となり、大活躍をした・・・・。

足柄峠を越える道は、古代から官道・東海道として整備され、防人や旅人が多く往来する道としてにぎわい、足柄路とも呼ばれていた。800年からの富士山延暦大噴火により足柄路は閉鎖され、箱根路が迂回路として利用されるようになった。再度、通行可能となった後は、箱根路とともに発展。軍事的にも重要な場所であったため、多くの史跡や遺跡、石仏、文学碑などが残されている。

File. 045　ひなづるとうげ

身ごもっていた雛鶴姫が亡くなった峠

雛鶴峠

山梨県都留市【軍事の峠】

都留市と上野原市秋山の境に位置する隧道峠。国道20号線が並行して走っているため、車の通りは少ない。1934（昭和9）年に竣工した雛鶴隧道はゲートでふさがれ、都留市側は雑草に被われ通行は厳しいが上野原市側は整備されている。旧峠道はリニアモーターカー実験線の操車場上部を抜けている。

上野原市秋山の雛鶴神社には、こんな物語がある。南北朝時代、後醍醐天皇の皇子・護良親王《もりよししんのう》は足利氏に首をはねられた。親王の子を身ごもっていた妃の雛鶴姫は、その首を持って出た葬りの旅の途中で命を落とす。それを知って村の人々が弔ったのが、神社建立のもととなった。

標高 660m　**所在地** 山梨県都留市、上野原市　**道路** 県道35号線　四日市場上野原線　**調査方法** 軽四輪駆動自動車
緯度 35°33:554'　**経度** 139°00:372'

雛鶴隧道：1934（昭和9）年竣工　延長252m　有効幅3.6m　限界高3.8m
新雛鶴トンネル：1986（昭和51）年3月竣工　延長602m　幅6m　高さ4.5m

File. 046　がんどうとうげ

リニアモーターカーの実験線がある峠

巌道峠

山梨県道志村【物流の峠】

標高 787m　**所在地** 山梨県南都留郡道志村久保
道路 国道413号線脇（林道安寺沢線）　**調査方法** 軽四輪駆動自動車
緯度 35°32:441'　**経度** 139°05:146'

2027年をめどに、首都圏から中京圏間を結ぶ中央新幹線の営業運転開始を目指しているリニアモーターカー。山梨県笛吹市境川町から上野原市秋山まで通っているその実験線近くに、巌道峠はある。

峠は、山梨県の道志村《どうしむら》と旧秋山村（現・上野原市）との境にある。道志、秋山の地域は、古代より隣村として、経済や文化のほか婚姻などでも盛んに交流していたようだ。『甲斐国志』には、「強盗《がんどう》坂、秋山村ヨリ道志久保ニ越エル坂道アリ、アテラ沢ヨリ久保マデ一里余」と記されている。さすがに「強盗」では聞こえが悪いので、「巌道」の文字を当てたとのことだ。

 調査協力／飯島夫妻（雛鶴峠、巌道峠）

File. 047 ｜ いしがみとうげ

日蓮宗の総本山に参拝する峠

石神峠

山梨県南部町【信仰の峠】

標高 477m　**所在地** 山梨県南巨摩郡南部町下佐野、静岡県富士宮市　**道路** 林道石神峠線　**調査方法** バイク
緯度 35°16:526'　**経度** 138°31:244'

山梨県南巨摩郡身延町にある、日蓮宗の総本山・久遠寺。石神峠は、身延街道の甲斐（山梨県）、駿河（静岡県）の境に位置し、久遠寺への参拝客の往来を見守ってきた。室町時代（明応年間）、上佐野の佐野五兵衛と息子の五郎兵衛が、人馬の通れるように作った道が街道の起源だ。

峠名は、1557（弘治３）年に石神を建立し、穴のあいた石碑と石仏が多く安置されたことからつけられた。この石仏はご利益があるといわれ、石塔を砕いて懐に入れてお守りにしたこともあったようだ。また、戦国時代には、武田信玄の軍もこの峠を越えて、駿河の今川義元の軍に奇襲をかけたという。

File. 048 ｜ おおだるみとうげ

日本最高標高の車道峠

大弛峠

山梨県山梨市【山岳の峠】

自動車で上がれる日本最高標高の車道峠で、金峰山（標高2,599m）の登山口である。峠には駐車場があり、20台程度駐車することができる。

山梨県側の道は全面舗装されて、快適に走れる道だが、長野県側は砂利道で荒れた道である。なぜここまで違っているのかというと、山梨県側は県が主体しているのと比べ、長野側は財政が厳しい川上村が行っているためである。冬季は通行止めになっている。

峠から歩いて15分ほどのところに「夢の庭園」がある。高山植物のマットの上に、巨木と灌木が巧みに配置された、自然が作り出した天然庭園だ。

標高 2,360m　**所在地** 山梨県山梨市、長野県南佐久郡川上村
道路 県道林道川上牧丘（大弛峠）線　**調査方法** 軽四輪駆動自動車
緯度 35°52:227'　**経度** 138°39:465'

File. 049 ささごとうげ

下はトンネルだらけの峠

笹子峠

山梨県大月市【物流の峠】

2012（平成24）年12月、中央自動車道上り線の笹子トンネルで、天井板が約130mにわたって落下し、走行中の車複数台が巻き込まれ９名が死亡した痛ましい事故があった。笹子峠にはこの高速自動車道をはじめ、鉄道、一般自動車道などのトンネルが数多くある。

甲州街道の一番の難所といわれたのが笹子峠。これを克服するために1938（昭和13）年に開削されたのが笹子隧道。坑門の左右には洋風建築的な柱形装飾が２本並ぶ。新笹子トンネルが開通するまで、幹線道路として山梨・長野と東京を結んだ。この美しいトンネルは、登録有形文化財に登録されている。

標高 1,096m　**所在地** 山梨県大月市、甲州市　**道路** 山梨県道212号線（日影笹子線）、甲州街道旧道　**調査方法** バイク　**緯度** 35°36:556'　**経度** 138°46:431'

笹子隧道：1938（昭和13）年竣工　延長239m　幅3.0m　車線数1　高3.3m
新笹子隧道（新笹子トンネル　国道20号線）1958（昭和33）年竣工
笹子隧道（中央本線下り　笹子駅～甲斐大和駅）1903（明治36）年竣工　延長4,656 m
笹子トンネル（中央本線上り）：1966年（昭和41年）竣工　延長4,670 m
笹子トンネル（中央自動車道）：1977（昭和52）年竣工　延長下り 4717 m、上り 4784 m（上下線ともに2車線）
笹子トンネル（リニアモーターカー）

File. 050 うばくちとうげ

駿河と甲斐を結ぶ最短路の峠

右左口峠

山梨県甲府市【物流の峠】

この道は甲斐の古道のひとつで、若彦路《わかひこみち》と河内路《かわうちじ》のちょうど中間を通っていたところから、中道往還と呼ばれてきた。駿河（静岡県）と甲斐（山梨県）を最短距離で結んでいたので、「いさば」（魚売り）の道としても使われてきた。駿河で獲れたアワビが甲州に運ばれ、名物の煮アワビも生まれた。

右左口峠は、中道往還を代表する峠道である。中世には武田信玄をはじめ、織田信長、徳川家康などの武将たちもこの峠を越えて、戦いを挑んだ。山梨県が自衛隊に要請し、５年の歳月をかけて右左口峠に車道が作られたのは、1968（昭和43）年。県道113号に指定された。

標高 880m　**所在地** 山梨県甲府市
道路 県道113号線（甲府精進湖線）　**調査方法** バイク
経度 35°55:049'　**経度** 138°59:673'

右左口隧道：1972（昭和47）年竣工　延長1,625m

File. 051 じぞうとうげ

木曽福島最大の難所である峠

地蔵峠

長野県木曽町【物流の峠】

木曽川本流筋から、西側の開田高原に上がるところにある。頂上の開田高原側では、御嶽山の雄大な姿が望める絶景のスポットとなっている。頂上には1728（享保13）年に建てられた石地蔵があったが、盗難に遭い、1972（昭和47）年に有志により再建された。

木曽町から、地蔵峠、西野峠、長峰峠を越えて岐阜県の高山市に通じる道は飛騨街道と呼ばれ、重要な流通の道であった。しかし、その険しさから1753（宝暦３）年の『吉蘇詩略』に「駕疲領《かごつかれ》」と書かれている。整備された現在では、ドライブだけでなく、新緑や紅葉シーズンのハイキングコースとしても親しまれる。

標高 1,335m　**所在地** 長野県木曽郡木曽町　**道路** 県道361脇
調査方法 バイク　**緯度** 35°55:160'　**経度** 137°38:220'

File. 052 じぞうとうげ

取り残された三叉路にある峠

地蔵峠

静岡県島田市【信仰の峠】

標高 400m　**所在地** 静岡県島田市神尾
道路 県道473号線（川根街道）　**調査方法** バイク
緯度 34°53:325'　**経度** 138°06:222'

一般国道473号線は、愛知県蒲郡市から静岡県牧之原市に至る延長150㎞の幹線道路。地域の生活道路となっているほか、奥大井県立自然公園に行くルートにもなっている。

地蔵峠までの道は大きな傾斜はないが、島田市中心部より少しずつ登り、大井川からはかなり高い所に位置する。川根街道と呼ばれる国道473号線で最大の難所だ。地蔵峠の道は新道で、切り割りが短縮されたため、取り残された旧道の神尾集落へ分岐する三叉路には小さな地蔵堂がある。地蔵堂には慶長年間に肥後の細川公より寄進された木像が安置され、東海道通行の交通安全を祈願したという。

File. 053 にほんすぎとうげ

2本の箸が大木に育った峠

二本杉峠

静岡県浜松市【物流の峠】

標高 430m　**所在地** 静岡県浜松市天竜区
道路 県道290号線（水窪羽ヶ庄佐久間線）　**調査方法** バイク
緯度 35°06:952'　**経度** 137°49:762'

浜松市天竜区にある二本杉峠。ここに二本の杉の大木が立っていたのが由来で、こんな逸話が残っている。

昔、ある武将が峠で弁当を食べようとしたが箸がない。そこで、杉の小枝を切って箸代わりにして弁当を食べたあと、2本の箸を地面に刺し、「私が出世したら、お前も大きく育て」と叫んだところ、その後、その杉は大きく育ったという。1877（明治10）年ごろ、その木は伐られたが、東側の木は木のまわりが20m、西側の木が19.7mもあり、高さも50m以上あったといわれる。また、この峠は中央構造線の断層地形で浸食が起こりやすいとされている。

File. 054 ひょうごしとうげ

武田信玄が大軍の兵と越えた峠

兵越峠

静岡県浜松市【軍事の峠】

標高 1,168m（表示の標高に差があり）　**所在地** 静岡県浜松市天竜区、長野県飯田市　**道路** 県道412号線　林道兵越線・南信濃水窪線　**調査方法** バイク　**緯度** 35°16:826'　**経度** 137°54:643'

この峠では、1987（昭和62）年より「峠の国盗り綱引き合戦」というおもしろい行事が行われている。毎年、10月第4日曜日に「遠州軍」（浜松市）と「信州軍」（飯田市）の代表者10人ずつが綱引きを行い、勝った方が1m領土を相手側に動かすことができるというもの。峠にはこのときに決められた「国境」と標示された看板が設置されている。

峠の名前は、武田信玄が上洛を志し、2万5,000の大軍の兵を率いてこの峠を越したことから名づけられた。

秋には付近一帯の木々が色づき、兵越峠から見下ろす山一面の紅葉は見事。峠を下りつつ長い間紅葉を楽しむことができる。

File. 055 ほうじとうげ

3つの呼び方を持つ峠

ホウジ峠

静岡県浜松市【軍事の峠】

標高 572m　**所在地** 静岡県浜松市天竜区佐久間町
道路 県道290号線（水窪羽ヶ庄佐久間線）　**調査方法** バイク
緯度 35°07:459'　**経度** 137°50:157'

ホウジ峠には、他にも榜示峠、北條峠の名が混在している。そのいわれには、こんな逸話が残っている。平安時代末期から鎌倉時代にかけて、旧勢力（天皇方・荘園領主）と新勢力（武家方・地頭）が土地争いをしたとき、その土地を折半するという形で紛争を解決。その際、この峠に杙《くい》を立てたことから、「榜示峠」となった。榜示とは、杙や石で領地を表すこと。

また、北條家ゆかりの末裔がこの地を訪れたとき、「榜示」を「北條」と当て字して「北條峠」と呼んだといわれている。

この峠もまた中央構造線と呼ばれる大断層が谷に通っており、谷は断層運動で浸食されている。

File. 056 ふくろざかとうげ

樹齢300年のサクラがある峠

袋坂峠

岐阜県下呂市【物流の峠】

標高 390m　**所在地** 岐阜県下呂市金山町
道路 県道58号線（関金山線）飛騨街道　**調査方法** バイク
緯度 35°37:608'　**経度** 137°05:614'
袋坂トンネル：1987（昭和62）年竣工　延長560m　幅6m（8.75m）　高さ6.15m

昔から飛騨街道の難所とされ、その険しさから「小箱根」との異名がある。物資や人々の往来も盛んで、昭和初期には荷車車道として、幅2間（約4m）の道路も整備された。

峠の頂上から北の方を眺めると、美しい霊峰御嶽山を望むことができる。また、「見付屋」という茶屋があったが、昭和の初期に廃業した。1987（昭和62）年に袋坂トンネルが開通したことにより、旧道の通行は少なくなってしまった。

袋坂トンネルの上には、下呂市天然記念物である樹齢300年のエドヒガンザクラがあり、毎年4月中旬には、ライトアップされて花見を楽しめる。

File. 057　ひらゆとうげ

飛騨高山と平湯温泉を結ぶ峠

平湯峠

岐阜県上宝村【軍事の峠】

標高 1,684m　**所在地** 岐阜県吉城郡上宝村平湯　**道路** 国道158号線・県道5号線（乗鞍公園線）、県道485号線（平湯久手線）
調査方法 バイク　**緯度** 36°10:847'　**経度** 137°31:836'
平湯トンネル:1976（昭和51）年竣工　延長2,430m　幅8.75m　高4.5m

飛騨山脈の輝山（標高2,063m）と大崩山（標高2,522m）との鞍部に位置し、奥飛騨温泉郷平湯と丹生川町久手との境にある。

1976（昭和51）年の平湯トンネル開通までは高山市街から平湯温泉を結ぶのは、この峠を越えるしかなかった。平湯峠を頂点に高山市街側も平湯温泉側も急勾配で、急カーブが続く交通の難所であった。

峠からは、北アルプスの山々や白山を望むことができ、景観の美しさでも知られる。歌人の若山牧水もこの絶景を歌に詠んでおり、石碑も建立された。乗鞍スカイラインは、冬は一般車両の通行ができず、バスかタクシーを利用することになる。

File. 058　かつぢとうげ（勝地坂）

関ケ原で敗れた島津氏が越えた峠

勝地峠

岐阜県上石津町【軍事の峠】

伊勢神宮に至る伊勢西街道の中でも最大の難所といわれていた峠。峠の名のいわれにはふたつある。峠があまりに険しいので、馬を使用することができず、荷物を背負って歩《かち》で越したことから歩路《かちじ》といったという説。もうひとつは、豊臣秀吉が北勢攻めで勝利をおさめ、この峠を越えるとき、秀吉が勝地と名づけたという説がある。

また、関ヶ原の合戦に敗れた島津義弘の軍が、この峠を越えて命からがら薩摩まで逃げたことでも知られている。傷ついた者を介抱しながら、やっと薩摩にたどり着いたときには、1,500人いた兵士が80人ほどに減っていたという。

標高 183m　**所在地** 岐阜県養老郡上石津町一之瀬
道路 県道606号線　伊勢西街道　**調査方法** 乗用車
緯度 35°18:170'　**経度** 136°28:278'

File. 059　おどりとうげ

こんなに美しいのは見たことない峠

小鳥峠

岐阜県高山市【軍事の峠】

高山市清見町と同市荘川町の境にある小鳥峠には、約１万6,000株のミズバショウ群生地として知られる。面積約４haの湿原植物群落があり、ミズバショウのほか、ザゼンソウ、リュウキンカ、ヤマトリカブトなどの植物が自生。遊歩道が設けられており、散策することが可能。

峠がある国道158号線は、高山市と白川郷を結んでいる。大正時代、白川の駐在所に来た警官が、小鳥峠の険しさにびっくりし、さらに松の木峠でどうしようかと悩み、軽岡峠までやって来て、どうにもならないと辞職してしまったことから、それぞれ「びっくり峠」、「思案峠」、「辞職峠」とも呼ばれていた。

標高 1,000m　**所在地** 岐阜県高山市清見町夏厩
道路 国道158号線（白川街道：高山清見道路）　**調査方法** バイク
緯度 36°08:493'　**経度** 137°07:134'
小鳥トンネル：2004年（平成17）年竣工　延長4,346m

File. 060　まごめとうげ

中山道有数の宿に囲まれた峠

馬籠峠

岐阜県中津川市【物流の峠】

標高 801m　**所在地** 長野県木曽郡南木曽町、岐阜県中津川市
道路 県道7号線「中津川南木曽線」（旧中山道）　国史跡「中山道」
調査方法 乗用車　**緯度** 37°21:252'　**経度** 139°52:489'

中山道は、日本橋から高崎、軽井沢、木曽路、関ヶ原などを通り、京都の三条大橋に至る総延長約530㎞の道だ。別名「木曽街道」と呼ばれるのは、69次のうち11宿が木曽にあるからといわれる。中山道は1987（昭和62）年に「国史跡」に指定されている。

馬籠峠は、南木曽町の妻籠宿と山口村（現在、越県合併で岐阜県中津川市）の馬籠宿の間にあり、両宿ともに江戸の風情を強く残していることから、全国から訪れる観光客も多い。『夜明け前』で有名な小説家、島崎藤村は馬籠峠生まれだ。馬籠峠にあるハイキングコースは、休憩所やトイレも整備されている。

File. 061　くにみとうげ

石碑、祠、お地蔵の豪華仕様の峠

国見峠

滋賀県伊吹町【物流の峠】

標高 840m　**所在地** 滋賀県阪田郡伊吹町、岐阜県揖斐郡揖斐川町
道路 国見林道　**調査方法** 電動自転車
緯度 35°28:028'　**経度** 136°24:478'

峠に行く道は、滋賀県側、岐阜県側ともに林道崩落が大変多い地層である。僕も過去２回は、斜面の崩落で引き返し、３度目の正直でたどり着くことができたのは、電動自転車を搭載していたからである。

峠は、虎子山《とらすやま》（標高1,183m）と伊吹山（標高1,377m）の尾根縦走路にあり、峠の碑の脇が国見岳の登山口になっている。峠にはゲートが設けられており、北側斜面にあたる岐阜県側には国見岳スキー場がある。この峠道で、塩や絹などを運んでいた。

峠には、石碑ばかりでなく、祠《ほこら》、お地蔵様までが一緒に並んでいる。まさに豪華仕様でのお迎えである。

File. 062　おとぎとうげ

家康が「本能寺の変」で避難した峠

御斉峠

滋賀県甲賀市【軍事の峠】

標高 630m　**所在地** 滋賀県甲賀市信楽町多羅尾、三重県伊賀市西山　**道路** 県道138号線（信楽上野線）　**調査方法** 乗用車
緯度 34°48:197'　**経度** 136°04:219'

滋賀と三重の県境にある峠。この峠にまつわる登場人物は、徳川家康、本能寺の変、伊賀の忍者・服部半蔵など多彩で、小説や映画で取り上げられることも多い。徳川家康に仕えた伊賀の忍者・服部半蔵は、本能寺の変で織田信長の自害を知った徳川家康を堺から伊勢経由で三河に逃がすことを手伝った。200人の伊賀者が警護してこの峠を越えたという。

また、峠からの眺望はすばらしく、伊賀地方、奈良金剛の山々が望める。峠から滋賀側へ100m行ったところに「弘法の井戸」がある。弘法大師が、諸国巡礼の際、旅人のためにここに井戸を掘ったといわれる。

File. **063** つるぎとうげ

従是神宮宮域の中にある峠

剣 峠

三重県伊勢市【信仰の峠】

標高 320m　**所在地** 三重県伊勢市宇治今在家町、度会郡南伊勢町
道路 県道12号線　伊勢南勢線　**調査方法** バイク
緯度 34°23:228'　**経度** 136°43:869'

ヘアピンカーブも多くアップダウンの激しい山道を抜けると、峠が見えてくる。この道は、五ヶ所街道とも呼ばれ、伊勢神宮にお参りする際に通る信仰の道になっている。また、地元の人々が伊勢の街に山海の産物を運ぶ生活道でもあった。昔、峠には茶屋があり、歩いてきた人や馬で往来する人たちでにぎわっていたようだ。

頂上近くには剣の形をした峠の石碑と野口雨情の詩碑などがあり、トレッキングコースも整備されている。さらに進むと伊勢神宮の森である「従是神宮宮域」になっている。この森は広さ5,500haもあり、伊勢市の1/4を占めている。

File. **064** にさかとうげ

熊野古道の中では絶景の峠

荷坂峠

三重県大紀町【信仰の峠】

標高 241m　**所在地** 三重県度会郡大紀町、北牟婁郡紀北町
道路 国道42号線（熊野街道）　熊野古道　**調査方法** 乗用車
緯度 34°14:236'　**経度** 136°21:462'
荷坂トンネル：1986（昭和51）年竣工　延長175m　幅7m　高4.5m

世界遺産に選ばれた熊野古道の中にある峠。国道42号線であるとともに、JR東海の紀勢本線もこの峠を通っている。もともと栃古の集落からツヅラト峠を通って、伊勢（三重県）から紀伊（和歌山県）に入っていたが、江戸時代の８代目徳川吉宗の時代になってから、荷坂峠を越えて行く道が本道となった。ツヅラト峠は、急勾配、急カーブが多くある難所だったため、紀州藩はツヅラト峠に比べ穏やかな荷坂峠を整備したといわれる。

重い荷物を担いでも越えることができる坂ということで、荷坂峠の名前がついた。厳しい道が続く熊野古道の中では、珍しい絶景が見える場所である。

File. 065 つづらととうげ

熊野古道らしい霊魂を感じる峠

ツヅラト峠

三重県大紀町【信仰の峠】

標高 367m **所在地** 三重県度会郡大紀町、北牟婁郡紀北町
道路 県道758号線（熊野街道） **調査方法** 乗用車
緯度 34°14:585' **緯度** 136°21:461'

ツヅラトとは、「九十九折《つづらおり》」のこと。その名が示す通り、紀伊長島からの峠道はカーブが連続している。しかし、道は整備されており、石畳や石垣もきれいに保存されている。

江戸時代、熊野三山への信仰の道は荷坂峠に主役を譲るが、昭和初期まで生活道として使われていた。伊勢から熊野へ向かう旅人は、峠から遠くに見える熊野の海は衝撃的であったに違いない。「聖地・熊野」への玄関口となった峠であり、峠を境に自然までもが一変する。熊野特有の大自然の有り様は、霊魂の地への入口を感じさせ、現実世界と理想・非現実世界との境でもあったはずだ。

File. 066 あさくまとうげ

伊勢神宮内宮が一望できる峠

朝熊峠

三重県伊勢市【信仰の峠】

標高 404m **所在地** 三重県伊勢市
道路 （伊勢志摩スカイライン）宇治岳道 **調査方法** バイク
緯度 34°27:674' **経度** 136°46:587'

「伊勢参らば朝熊をかけよ　朝熊かけねば片参宮」。伊勢音頭の一節にうたわれている。朝熊岳の金剛證寺《こんごうしょうじ》は、伊勢神宮の鬼門を守る寺として知られ、伊勢神宮参宮後は、この寺へも参るのが良いとされてきた。

朝熊参詣道のひとつである「宇治岳道」は、宇治（内宮）方面から金剛證寺へ参詣するルートで、現在の神宮司庁裏から入山する。麓から金剛證寺までの道のりは約８㎞である。以前は登山道に沿ってケーブルカーや登山バスが通っていたようだが、今はない。また、峠には大きな旅館があったが、ケーブルカーの廃止とともにさびれ、火災で焼失したという。

File. 067 すずかとうげ

西の箱根といわれた難所の峠
鈴鹿峠
三重県亀山市【軍事の峠】

標高 357m　**所在地** 三重県亀山市関町坂下、滋賀県甲賀市土山町
道路 国道1号線（東海道）　**調査方法** 乗用車
緯度 34°53:641'　**経度** 136°20:210'

鈴鹿隧道：1924（大正13）年竣工　延長245.6m　幅6.0m（1990年拡幅改修上り線）
鈴鹿トンネル：1975（昭和50）年竣工　延長395m　幅7.0m（下り線）

滋賀県側はなだらかな傾斜であるが、三重県側は勾配がきつくカーブも多いところから、東の箱根と並ぶ東海道の難所といわれていた。都が奈良にあったときは、伊賀を経由し、加太峠を越えて伊勢へ入る道が東海道として用いられていた。

しかし、886（仁和２）年、斎《さい》宮《ぐう》繁《はん》子《し》内親王《ないしんのう》の伊勢行きを契機として、近江から鈴鹿峠を越えて伊勢へ入る阿須波道ができて、この鈴鹿峠越えが東海道の本筋となった。

峠には、鈴鹿山の鏡岩や、坂上田村麻呂を祀った田村神社旧跡があり、昔、栄華を極めた松葉屋、鉄屋、伊勢屋など、多くの茶屋の石垣跡も残っている。

File. 068 ささりとうげ

京都大学農学部の演習林がある峠
佐々里峠
京都府京都市【物流の峠】

標高 720m　**所在地** 京都府京都市左京区広河原尾花町、南丹市
道路 県道38号線（京都広河原美山線）　**調査方法** 乗用車
緯度 35°16:574'　**経度** 135°43:795'

京都市左京区広河原尾花町と南丹市美山町の間にある峠。京都市左京区といっても都会の面影はまったくない、過疎の集落である。平家の落ち武者がこの峠を越えたと伝えられ、このあたりには落ち武者が作ったとされる集落が数多く残っている。

美山町には、京都大学芦生研究林があり、天然林、豊富な植物のほか、動物、昆虫などが生息する、大都市に近い低山地としては珍しい自然豊かな場所だ。

峠で目を引くのは、石でできた大きな小屋である。峠を旅する人のための作られた休憩小屋もしくは避難小屋のようだが、中に地蔵尊が祀られ、旅の安全を祈願する場所になっている。

File. 069 しちりゅうとうげ

白蛇の民話が残っている峠

七竜峠

京都府京丹後市【信仰の峠】

標高 41m　**所在地** 京都府京丹後市
道路 府道665号線　浜詰網野線　**調査方法** バイク
緯度 35°41:300'　**経度** 134°59:135'

高低差のある峠の頂上には、七竜ロードパークが設けられ、展望台から見えるリアス式海岸の景色は秀逸。前方には日本海が広がり、西は夕日ヶ浦海岸・久美浜方面、東は浅茂川・間人方面を臨むことができる。また、海岸沿いを走る「歴史街道丹後100㎞ウルトラマラソン」のコースとなっている。日本人ばかりでなく海外からも多く参加している国際的なレースだ。

峠には「七竜のへび」の話が伝わる。峠の頂上で休んでいた旅人が、寄ってきた白蛇の頭を煙管《きせる》でつつくと、蛇は大蛇となり旅人を飲み込んだ。村人は白蛇を恐れ、祠を建てた。願かけは、鶏の卵をお供えするという。

File. 070 ひいらぎとうげ

軍道として関所が設けられた峠

ひいらぎ峠

京都府亀岡市【軍事の峠】

標高 272m　**所在地** 京都府亀岡市、大阪府豊能郡能勢町
道路 国道477号線　**調査方法** バイク
緯度 34°59:160'　**経度** 137°38:220'

大阪と京都の府境にあるこの峠は、京・丹波と摂津を結ぶ主要路の国境で、峠名はほかにも「吉野の関」、「関の明神」、「一本松」などさまざまな呼び方が残されている。古代・中世の能勢地方は、都の皇・公家の荘園が数多くあり、戦国時代には摂津と丹波の攻防が激しかったので、軍道として関所も設けられていた。近世では、地元の天領（江戸幕府直轄領）から、二条城に年貢を納めていた。

峠名の通り、昔、ひいらぎの大木があった。摂津の方の葉には針がなく、丹波の国の方には針があったという。つまり、丹波に住む鬼が摂津に入ってこないように願っていたといわれる。

File. 071　じぞうとうげ

日本三峠地蔵が建つ峠

地蔵峠

奈良県黒滝村【信仰の峠】

標高 553m　**所在地** 奈良県吉野郡黒滝村
道路 県道48号線（洞川下市線）　**調査方法** バイク
緯度 34°19:650'　**経度** 135°51:442'
地蔵トンネル：1991（平成3）年竣工　延長1,252m　幅6.5m　高4.5m

峠のかたわらには、峠名にもなっている地蔵堂が建っている。地元の人にいわせると日本三峠地蔵のひとつということだ。809年（大同4）年に弘法大師が、日韓唐の土を集めて地蔵菩薩像を作って祀ったのがはじまりとされる。もともとは近くにある鳳閣寺の別院だった。現在祀られている地蔵菩薩像は江戸時代に作られたもので、安産、眼病治療に効果があるといわれる。

また、近くには「地蔵の水」がこんこんと湧き出ている。昔、存在した茶屋跡で、この水を地蔵尊に捧げている。1991（平成3）年に地蔵トンネルが開通し、狭く急坂、急カーブが多い旧道は、車の通りも少なくなった。

File. 072　あしのごうとうげ

天誅組が行軍して敗れた峠

足ノ郷峠

奈良県東吉野村【軍事の峠】

標高 212m　**所在地** 奈良県吉野郡東吉野村三尾、吉野郡川上村
道路 県道220号脇（川上街道）　**調査方法** 乗用車
緯度 34°21:214'　**経度** 135°58:973'

かつて東吉野村と川上村を結び、地域の交流を支えた重要な道であった川上街道。勾配がきつく地獄の難所といわれていた。特に東吉野村側から向かうと傾斜度10％以上の急坂が延々と続いている。峠には地蔵堂がある。

川上街道は生活物資を運ぶ道路として利用されてきたが、昭和初期頃まで「峯越衆《おこしゅう》」と呼ばれる生活物資の運搬を本業にする人たちがいた。米60kgのほか、酒、醤油、魚介類、陶器なども運んだという。

また、1863年（文久3）年、天誅組（尊皇攘夷派の武装集団）がこの峠を越え、幕府側彦根藩兵と戦うが18名が戦死し、結局、天誅組は壊滅に追い込まれた。

File. 073 しおみとうげ

熊野古道で最も眺望がいい峠

潮見峠

和歌山県田辺市【軍事の峠】

標高 550m　**所在地** 和歌山県田辺市
道路 県道218号線脇　熊野古道　**調査方法** 電動自転車
緯度 33°46:933'　**経度** 135°28:831'

田辺から熊野本宮に向かう中《なか》辺路《へち》にある峠。平安時代から鎌倉時代は、三栖王子《みすおうじ》から上富田町岡の八上王子《やがみおうじ》に至る岡越えの参詣道を通っていた。しかし、この道は遠まわりになるため、14世紀の南北朝時代ごろから、一般庶民は、長尾坂から潮見峠を越えて滝尻王子《たきじりおうじ》への道を通るようになった。

室町時代初期に描かれた『国阿上人絵伝』に、田辺・本宮間の難所として潮見峠の名がある。以来、この道は明治時代に至るまで熊野参りの人々でにぎわうようになった。江戸時代に、茶屋が2軒あり、ここから田辺湾一帯が見えた。潮見峠という名称は、海が見えることから。

File. 074 しおみとうげ

大津波災害を助けた地蔵がある峠

汐見峠

和歌山県和歌山市【信仰の峠】

標高 39m　**所在地** 和歌山県和歌山市
道路 県道136号線　熊野古道　**調査方法** 乗用車
緯度 34°09:702'　**経度** 135°13:536'

この峠に立つと目の前には、大海原が見える。峠越えで疲れた旅人はその景色に癒されたことだろう。海が見えることから、「汐見峠」と名付けられた。

また、1855（安政２）年の大地震のとき、押し寄せる大津波に逃げ場を失った人々が、汐見峠のお地蔵さまの不思議な力に呼び上げられて、救われたという。それからこのお地蔵さまは「呼び上げ地蔵」と呼ばれ、地元の人々の信仰を集めてきた。台座には「志おみとうげ　大くり道」と刻まれている。大くり道とは、小栗街道のことだ。

左手に山を上る道があり、熊野詣の人々が遥拝し、休息した杜「松代王子跡」がある。

File. 075 とちのきとうげ

柴田勝家が開削した峠

栃ノ木峠

福井県南越前町【物流の峠】

峠に栃の木が群生していたことから、この名がついた。北側の谷に向かって傾斜して立っている古木が、天然記念物（昭和49年県指定）の栃の木である。樹齢約500年、樹高約25m、周囲約７mの大木である。北側は急傾斜のヘアピンカーブになっている、険しい山道を抜ける峠であるが、越前と近江の国境に位置する北国街道の要路としてよく利用されてきた。

1578（天正６）年、その勇猛さから「鬼柴田」と呼ばれた柴田勝家が、越前北の庄に封ぜられたとき、京方面への近道として道幅３間（約６m）といわれる大道に改修。それ以来、旅人などの往来で大変にぎわってきた。

標高 537m　**所在地** 福井県南条郡南越前町、滋賀県長浜市余呉町

道路 国道365号線（北国街道）　**調査方法** 乗用車

緯度 35°41:926'　**経度** 136°09:583'

木の芽峠トンネル：2004（平成16）年竣工　延長1,783m（栃の木峠国道の分岐トンネル）

File. 076 やまなかとうげ

鉄道廃線により県道になった峠

山中峠

福井県敦賀市【鉄道の峠】

標高 389m　**所在地** 福井県敦賀市元比田、南条郡南越前町

道路 県道207号線（今庄杉津線）　広域基幹林道栃木山中線

調査方法 軽四輪駆動自動車

緯度 35°33:187'　**経度** 139°13:454'

山中隧道単線：1896（明治29）年竣工 延長1,170m　幅3.7m
アーチ環5枚厚の煉瓦づくり　坑門も煉瓦積み

奈良や京都から北陸・東北に入る官道であった北陸道は、古代には山中峠を通っていた。しかし、830（天長７）年、木ノ芽峠の道が開通したことで、北陸道は距離が短いそちらの道に移った。とはいえ、山中峠越えはその後も引き続き利用されていた。

1896（明治29）年に、JR北陸本線を延伸させる際、中山峠に鉄道のための中山隧道が完成。以後、1962（昭和37）年に北陸トンネルが完成するまで鉄道トンネルとして活躍した。現在は、県道207号線の一部として使われ、トンネルは信号機つきの相互通行になっている。登録有形文化財にも選ばれている。

File. 077 くらがりとうげ

大阪と奈良を最短で結ぶ国道だが、暗峠付近は急勾配・急カーブが続く悪路だ。大阪方面からは長い急坂が続き、奈良方面からは狭い道になっている。狭く、急坂、急カーブがあることから酷道ともいわれている。この道は暗越奈良街道ともいわれ、古くから政治、経済、文化における重要な役割を担っており、日本の道100選にも選ばれた。

峠付近の道は、江戸時代に郡山藩（大和郡山市）により敷設された石畳となっており、風情豊かな街並みを作っている。峠からは生駒市を越えて奈良盆地までを一望できる。沿道には、古寺、石仏、地蔵などもあり、ハイキングコースとして人気。

大阪と奈良を最短で結ぶ街道の峠

暗峠

大阪府東大阪市【軍事の峠】

標高 455m　**所在地** 大阪府東大阪市東豊浦町、奈良県生駒市西畑町　**道路** 国道308号線 県道702号線（暗越奈良街道）
調査方法 乗用車　**緯度** 34°39:941'　**経度** 135°40:281'

File. 078 じゅうさんとうげ

13の塚があったことから名がついた峠

十三峠

大阪府八尾市【軍事の峠】

標高 434m　**所在地** 大阪府八尾市神立、奈良県生駒郡平群町
道路 信貴生駒スカイライン　**調査方法** 乗用車
緯度 34°38:203'　**経度** 135°39:766'

13の塚があったことから名づけられた峠。塚は峠の北側にあり、重要文化財に指定されている。八尾市から東大阪市を通り、大阪市の玉造付近へと通ずる十三街道は、古くから奈良と大阪を結ぶ重要な街道だった。また、大阪から伊勢神宮に行く道となっていた。峠を下ったところにある神立には、古墳時代後期の円墳「愛宕塚古墳」や平安時代の向山瓦窯跡など数多くの遺跡が残っている。

十三街道の整備が進んだのが、1583（天正11）年の豊臣秀吉による大阪城築城。古墳を壊して築城用の大量の石材を運び出した。その際、大阪城に至るこの道路の整備が行われた。

File. 079 ななこしとうげ

茶屋の振る舞いがあった峠

七越峠

大阪府和泉市【物流の峠】

標高 840m　所在地 大阪府和泉市父鬼町、和歌山県伊都郡かつらぎ町　道路 国道480号脇　調査方法 乗用車
緯度 34°21:406'　経度 135°28:653'

1903（明治36）年の『大阪府誌第四編道路』によると、父鬼街道は、大阪府堺市鳳から和歌山県紀ノ川市穴伏までの道となっている。父鬼街道にある七越峠は、紀州と泉州の国境にあり、西国三十三カ所巡礼や高野山参詣のときの参拝道として使われていた。また、生活道の要衝にもなっていた。

江戸時代には峠に茶屋があり、旅人たちの喉を潤していた。茶屋は昭和前期まで、地域住民などによって維持されてきたが、交通手段の急速な発展に伴い、利用者が減少して廃止された。父鬼町には八坂神社があり、「父鬼村」「大野村」「大野村側川」の三村の神を合祀している。

File. 080 たかとりとうげ

赤穂浪士の伝令が越えた峠

高取峠

兵庫県赤穂市【軍事の峠】

この道は、江戸時代に赤穂藩主・浅野氏によって官道として整備され、参勤交代などで利用されていた。高取峠のパーキングエリアには、「早駕籠の像」が設置されている。1701（元禄14）年３月19日の午前4時ごろ、早水藤左衛門と萱野三平の２挺の早駕籠で赤穂城を目指していた。江戸城の松之廊下で突発した赤穂城主・浅野内匠頭の殿中刀傷を知らせる第一の使者だった。事件発生後、４日半後という異例の速さである。

名前の由来は、赤穂一帯を治めていた秦河勝や後世の領主がここで鷹狩りをしたことから「鷹取峠」と呼び、それが変化して「高取峠」になったという。

標高 100m　所在地 兵庫県赤穂市高野、相生市佐方
道路 国道250号線　調査方法 バイク
緯度 34°47:324'　経度 134°26:514'

File. 081 あいさかとうげ

後鳥羽上皇が島流しのときに越えた峠

相坂峠

兵庫県たつの市【軍事の峠】

標高 180m　所在地 兵庫県たつの市新宮町
道路 国道179号線 出雲街道　調査方法 バイク
緯度 34°57:722'　経度 134°27:629'

相坂峠は、出雲街道一の難関場所として世に知られ、昔は、急勾配の峻険な坂を牛馬と籠でここを越していた。荷車が通行するようになった明治時代には、道幅が狭いため荷車の通行が困難となり、２度にわたって改修工事が行われた。

鎌倉時代、承久の変で隠岐島へ流される前の後鳥羽上皇が、相坂峠が京都の逢坂と同じ名であることから、「立帰り越しゆく関と思はばや　都にききし逢坂の山」と歌った。「隠岐島に流れても再びこの相坂を越して都に帰りたい」という意味だ。しかしその機会もなく死亡。元弘の変では後醍醐上皇も峠を越して隠岐島へ流されている。

File. 082 すぎさかとうげ

赤松一統が設けた関所のある峠

杉坂峠

兵庫県佐用町【軍事の峠】

標高 250m　所在地 兵庫県佐用郡佐用町、岡山県美作市田原
道路 県道365号線（上福原作用線）　調査方法 乗用車
緯度 35°00:653'　経度 134°16:153'

現代の行政法や民法にあたる「大宝令」によって整備された美作《みまさく》道。山陽道の太市から杉坂峠を越えて、西北にある美作国府に向かってのびる道だった。

播州（兵庫県南西部）と備前（岡山県東南部など）の広大な地域を制していた赤松一統。赤松則村が1333（元弘３）年に関を設けた峠である。しかし、慶長年間に万能峠が開通したことで、杉坂峠の通行人は少なくなった。「元弘の変」の失敗で隠岐島に流されることになった後醍醐天皇。備前の武将・児島高徳が天皇を救出しようと杉坂峠に着いたとき、天皇はもう院の庄に入っていた。高徳にとって無念の地が杉坂峠なのである。

File. 083 せんほうざか

南北商取引の中継地にある峠

千峯坂

岡山県井原市【物流の峠】

千峯坂街道は、高梁市の高山《こうやま》市《いち》から千峯坂を通り、井原・福山方面へ通じている。高山市は、この道によって南北商取引の中継地として繁昌した。以前は坂尻方面から川添いに登っていたが、盗賊が出没したことから、1770（明和年間）年ごろに高山市の商人によって、谷千峯からほぼ一直線に道幅２ｍほどの急峻な坂道が作られた。それが千峯坂である。

それまでは米、薪炭などを牛馬の背に積んで運んでいたが、千峯坂が改修されてからは手車を使うようになった。1923（大正12）年には共和・三原間に県道が開通し、この峠は物流としては使われなくなった。

標高 559m　**所在地** 岡山県井原市芳井町　**道路** 県道9号脇
調査方法 乗用車　**緯度** 34°43:649'　**経度** 133°24:283'

File. 084 がもうとうげ

「歴史の道百選」に選ばれた峠

蒲生峠

鳥取県岩美町【物流の峠】

標高 356m　**所在地** 鳥取県岩美郡岩美町、兵庫県美方郡新温泉町
道路 国道9号線（県道119号線）　**調査方法** 乗用車
緯度 35°31:090'　**経度** 134°24:466'
蒲生トンネル：1978（昭和53）年竣工　延長1,745m　幅8.0m　蒲生バイパス

中国山地の牛ヶ峰山（標高712m）の北側の鞍部に位置し、古くは但馬と因幡との国境にあった。京都から山陰へ通ずる山陰道上にあり、1978（昭和53）年に蒲生トンネルが完成するまでこの峠道が国道９号線であった。蒲生峠は人々が歩いて往来していた道で、峠の茶屋もあってにぎわっていた。1996（平成８年）には、文化庁の「歴史の道百選」に選定されている。

山頂には、明治時代に旅の安全祈願をする「延命地蔵大菩薩」が建立されたが、現在は台座だけが残っている。古い峠道は使われなくなって一時荒れていたのを整備し、2005（平成17）年に国史跡に指定されている。

File. 085　みさかとうげ

悲恋のふたりを弔う墓のある峠

三坂峠

島根県邑南町【軍事の峠】

標高 580m　**所在地** 島根県邑智郡邑南町、広島県山県郡大朝町
道路 県道5号線（石見街道）　**調査方法** 乗用車
緯度 34°49:018'　**経度** 132°25:475'

三坂峠には、「お蓮 勘兵衛の墓」が今も残されている。1857（安政４）年、浜田藩士の妻お蓮は、使用人・勘兵衛の世話をしているうち、掟に反し恋仲となりふたり手を取り合って芸洲藩大塚まで逃げのびた。今でいう駆け落ちである。後を追う夫につかまり、「ふたり晴れて夫婦にする」との甘言に迷わされ、三坂峠で首をはねられてしまった。村人たちはふたりを不憫に思い、墓石を建てて、霊をなぐさめたといわれている。

峠がある石見街道は、浜田から広島に通じ、1,000m級の山々の間を抜ける険路の連続だったが、参勤交代にも使用されるほど重要な街道だった。

File. 086　まどおしだお

急坂のため馬も登れない峠

馬通峠

広島県安芸高田市【軍事の峠】

標高 552m　**所在地** 広島県安芸高田市、三次市　**道路** 県道52号線　世羅甲田線、県道440号線　羽出庭三良坂線　合流点
調査方法 軽四輪駆動自動車　**緯度** 34°41:078'　**経度** 132°48:232'

あまりに急峻な坂道のため、連れてきた馬が倒れてしまう「馬倒し」が訛って「まどおし」となったと伝えられている。

芸備線甲立《こうたち》駅から世羅郡世羅町を結ぶ県道52号線（世羅甲田線）と県道440号線（羽出庭三良坂線）との三叉路の合流点にある。昔、備後と安芸の国境になっていた峠で、江戸時代には峠を含むこの道を「御通筋」と呼んでいた。江戸や大阪と国を結ぶ近道として、浜田藩、毛利藩などの大名がこの峠を頻繁に利用していたからである。峠近くには、高さ3.5m、長さ20m、重さ250トンの巨岩「夫婦岩」もある。表面に象形文字と判読不明な文字が書かれている。

File. **087** うちぐろとうげ

中国山地を愛した岳人の峠

内黒峠

広島県安芸太田町【物流の峠】

標高 1,000m **所在地** 広島県山県郡安芸太田町
道路 県道252号線（恐羅漢公園線） **調査方法** 軽四輪駆動自動車
緯度 34°35:490' **経度** 132°10:351'

安芸太田町役場から県道252号線・恐羅漢《おそらかん》公園線を経由し、恐羅漢スキー場に向かう手前にある峠。内黒山（標高1,082m）の肩にあたる部分に位置する。広島県内の主要道路の中で最も標高が高い峠であり、古い歴史を持った峠である。

この峠の東側には内黒山登山口、西側には十方山《じっぽうざん》（標高1,319m）登山口の案内板が建っている。また、内黒峠からは広島県の文化財である押ケ垰《おしがたお》断層帯を見ることができる。

峠には、中国山地登山の草分けといわれる加藤武三（大正元年生まれ、昭和48年死去）の碑がある。山行の無事を祈って建てられたものだ。

File. **088** なまやまとうげ

大蛇が生臭かったために名前がついた峠

生山峠

広島県廿日市市【軍事の峠】

標高 835m **所在地** 広島県廿日市市、山口県岩国市錦町
道路 県道119号線（佐伯錦線） **調査方法** 軽四輪駆動自動車
緯度 34°21:531' **経度** 132°04:182'

県道119号線（佐伯錦線）の広島県廿日市《はつかいち》市と山口県岩国市との県境に位置し、林道と交わるT字路にある。羅漢山《らかんさん》に向かう県道は、旧古道と平行に歩む道で、石畳の街道が造林地の中へと続いている場所にある。

廿日市市と島根県の津和野町を結ぶ要衝として、参勤交代や津和野藩特産の和紙を廿日市の専用港に運ぶ道として利用された。雨水で道が傷むのを防ぐため敷いた石畳が残されており、当時の名残を偲ばせる。

地名は、大原明神社の大岩に雷が落ち、巻きついていた大蛇が生臭かったので、付近の山を「なまぐさ山」といい、後に「なまやま」となった。

File. **089** いたどうとうげ

御成道だった萩往還にある峠

板堂峠

山口県山口市【軍事の峠】

標高 100m　**所在地** 山口県山口市　**道路** 国道262号線
調査方法 乗用車　**緯度** 35°44:183'　**経度** 138°51:195'

萩往還は、毛利氏が萩城築城後、1604（慶長９）年に江戸参勤交代の御《お》成《なり》道《みち》として作った。日本海側の萩市と瀬戸内海側の三田尻（防府市）の御舟倉を結ぶ約53㎞の街道である。道の両側には往還松が植えられ、一里塚やお茶屋、通行人を取り締まる口屋などがあった。

山陰と山陽を結ぶ連絡道として、江戸時代の庶民にとっては重要な道であり、幕末には維新の志士が往来していた。しかし、中国山脈を越えるこの道は、険しい坂や峠が多く、道行く人たちにとっては苦労の多い旅であったと思われる。板堂峠も難所のひとつであった。萩往還は「歴史の道百選」にも選ばれている。

File. **090** したのたお

歴史的価値のある赤間関街道の峠

下の垰

山口県美弥市【軍事の峠】

1624～48年（寛永～正保年間）、萩城下と赤間関（下関市）を結ぶ街道として、赤間関街道中道、北道筋、北浦筋の３つの街道が整備された。なかでも最短コースであった中道筋は主要街道として頻繁に使われてきた約19里（80.8㎞）の道だ。このうち、雲雀峠から秋吉広谷（秋芳洞）までの約12㎞が、「歴史の道百選」に選定されている。

下の垰は旧道の雰囲気をよく残し、峠の道標には「左大田右せきみち」と刻まれており、大田方面と下関方面の分岐点になっている。幕末にはこの地域一帯が「大田・絵堂の戦い」の激戦地となり、明治維新の夜明けを告げる歴史の舞台になった。

標高 210m　**所在地** 山口県美弥市
道路 国道490号線脇（小郡萩道路）　**調査方法** 乗用車
緯度 34°15:167'　**経度** 131°20:504'

File. 091　かさぎとうげ

西南四国最古の古墳がある峠

笠置峠

愛媛県八幡浜市【信仰の峠】

笠置峠は、室町時代には峠越えを介して八幡浜、西予の交流があり、江戸時代には村人ばかりでなく、宇和島藩が参勤交代などで利用していた。峠には江戸時代の石畳や石造物が残されている。幕末には、シーボルトの娘・楠本イネや二宮敬作、村田蔵六（大村益次郎）たちも峠越えをしていたようだ。

一躍注目を浴びたのは、1997（平成８）年から８年間にかけて行われた発掘調査。この調査で４世紀前後に築造された西南四国最古の前方後円墳（全長45m）が確認された。副葬品であったと思われる鉄製品や、おそらく石槨《せっかく》（棺を入れる外箱）上に置かれていた土器などが出土した。

標高 397m　**所在地** 愛媛県八幡浜市、西予市
道路 県道25号線（八幡浜宇和線）　**調査方法** 軽四輪駆動自動車
緯度 33°33:439'　**経度** 132°49:067'

笠置トンネル：1999（平成11）年竣工　延長1,157m　幅6m（全幅10.25m）　高4.7m

File. 092　みともりとうげ

果樹園の稜線上にあるお遍路の峠

水戸森峠

愛媛県内子町【信仰の峠】

標高 203m　**所在地** 愛媛県喜多郡内子町五百木　**道路** 国道56号線脇、国道379号線の中間　**調査方法** 軽四輪駆動自動車
緯度 33°33:516'　**経度** 132°40:066'

水戸森トンネル：2005（平成17）年8月竣工 延長271m 幅9.25m 高4.5m

東に四国山脈を望む山頂にある峠。松山自動車道「内子パーキング」の南南東にある果樹園の上に位置する。

生活道であるとともに、四国八十八カ所の霊場の44番札所「菅生山大宝寺」（久万町）と、43番札所「源光山明石寺」（宇和町）のほぼ中間に位置する遍路道になっている。別名「安場の峠」とも呼ばれているのは、急峻な坂道を登り詰めたあとの平らな場所であり、遍路はこのあたりでひと休みしたものと思われる。

峠は眺望も良く、遍路が休息するのに絶好の場。また、この地は桜の名所でもあり、山菜も豊富に採れるため、地元の人の憩いの場になっている。

File. 093　はながとうげ

巨人の歯の長さから名がついた峠

歯長峠

愛媛県宇和島市【物流の峠】

42番札所「仏木寺」(宇和島市)から43番札所「明石寺」(西予市)に至る途中に位置し、リアス式海岸が一望できる。

源氏の武将・足利又太郎忠綱は平氏側についたことから源氏に追われて、この地に移住した。峠名の由来は、巨人といわれた忠綱の歯の長さが実に一寸（約3㎝）以上あったことからつけられた。

この峠は、三間町（現・宇和島市）と宇和町（現・西予市）を結ぶ生活道路であり、戦略上の要衝でもあった。宇和勢と土佐勢が絶えず戦っていた攻防の舞台であり、多くの合戦のあと、土佐の戦国大名・長曽我部軍によって攻略された。

標高 400m　**所在地** 愛媛県宇和島市吉田町、愛媛県西予市宇和町下川　**道路** 県道31線(宇和三間線)　**調査方法** 軽四輪駆動自動車
緯度 33°19:185'　**経度** 132°34:040'
歯長隧道：1970(昭和45)年竣工　延長423m　幅5.5m　高4.5m、

File. 094　おおひけわりとうげ

大地の裂け目がのぞける峠

大引割峠

高知県仁淀川町【物流の峠】

標高 1,087m　**所在地** 高知県吾川郡仁淀川町、高岡郡津野町
道路 林道大引割線(国道439号線脇)　**調査方法** 軽四輪駆動自動車
緯度 33°28:317'　**経度** 132°02:473'

四国カルスト県立自然公園内の仁淀川町と津野町との町境付近にあり、天狗高原の東側、鳥形山の西南に位置する峠だ。訪れたときは、仁淀川町の岩屋川渓谷の法面が崩壊して通行止めだったため、津野町側の日曽の川から入山した。

峠の駐車場から５分足らずで、国の天然記念物である大引割と小引割に行ける。大引割は、全長約80m、幅３～８m、深さは30m、小引割は全長100m、幅1.5～６m、深さ20mの割れ目。成因は諸説あるが、第４洪積世（100万年～２万年前）の隆起を伴う地殻変動、もしくは有史以前の大地震によって生じたと推論されている。

File. 095 しろうがのとうげ

駕籠は蟹のように横ばいで越えた峠

四郎ヶ野峠

高知県北川村【軍事の峠】

標高 490m **所在地** 高知県安芸郡北川村安倉
道路 国道493号線（旧土佐浜街道） **調査方法** 軽四輪駆動自動車
緯度 33°30:219' **経度** 134°12:411'

北川村と東洋町の境界にあり、県道493号線と旧野根山街道が交差する峠。野根山街道は、安芸郡奈半利町から東洋町野根山連山の尾根伝いを通る大変険しい道である。大和時代に官道として整備され、天正年間には長宗我部元親が四国征覇の道として使った。江戸時代には参勤交代の行列が通り、幕末には志士たちの脱藩の道となった。

急峻な道は、殿様をのせた駕《か》籠《ご》かきは、蟹のように横ばいで担いでいたという。峠に至る道の両側には、1里塚～5里塚、旅人が祠《ほこら》で一夜をしのいだ宿屋杉、お茶屋場や岩佐の関所跡、屋敷跡の石垣などがあり、今も当時の面影をとどめている。

File. 096 ますずとうげ

やせて痛々しい牛たちが越えた峠

真鈴峠

香川県まんのう町【物流の峠】

標高 637m **所在地** 香川県仲多度郡まんのう町、徳島県三好市太刀野山 **道路** 県道108号線脇（勝浦三野線） **調査方法** 軽四輪駆動自動車 **緯度** 34°04:409' **経度** 133°58:166'

阿讃の峠道の中では吉野川に最も近く、讃岐への近道として使われた真鈴峠。江戸時代から頻繁に人馬が行き交う要衝だった。しかし、讃岐山脈の三大峠（大坂、清水、猪鼻）に次ぐ難所であり、越すのは大変だった。

水の便が悪く畑が多い阿波の農家では、田植えの季節になると、米づくりが盛んだった讃岐に、耕作用の牛を連れていく「借耕《かりこ》牛」という制度があった。牛たちが通ったのが、この峠である。田植えが終わると、牛たちは背中に米、塩、干魚などをのせて阿波に里帰りするが、酷使されてやせた姿は痛々しかったという。この牛の出稼ぎは、昭和の初めまで行われていた。

File. **097** ほしこしとうげ

お遍路道の途中にある峠

星越峠

香川県東かがわ市【信仰の峠】

標高 110m **所在地** 香川県東かがわ市入野山
道路 県道132号線 田面入野山線 **調査方法** 軽四輪駆動自動車
緯度 34°12:340' **経度** 134°17:522'

社殿はすべて、春日大社本殿と同じ春日づくりの水主《みずし》神社。その社にお参りする人や四国八十八カ所88番礼所「大窪寺」から奥の院與田寺《よだじ》へ向う人が利用した道である。また、商人たちが荷物を運ぶ歩荷《ぼっか》としても活躍した。1583（天正11）年、土佐の長宗我部元親が侵入してきたときは、この峠一帯を舞台にして激戦が繰り広げられた。

また、峠の近くには２体の地蔵が祀られている。これは、昔、剣道の達人・藤井権三郎が、夜に峠で黒い怪物に道をふさがれ、切りつけた。翌朝、村人が見ると首を切られたふたつのお地蔵さんだったので、この２体を峠に祀ったという。

File. **098** きりうとうげ

大蛇が出没して大騒ぎになった峠

剪宇峠

徳島県美馬市【物流の峠】

美馬市の国道492号線にある古宮簡易郵便局から、普通林道北又線を経由して、登山道を登り詰めた場所にある峠。美馬市とつるぎ町の境にあり、南北朝時代には、重要な交通の要所になっていた。

峠には、幹まわりが5.65mと2.85mという巨木の二本杉が立つ。また、1772（明和９）年と1847（弘化４）年造立の２体の大師像や1850（嘉永３）年に建立された常夜灯がある。

峠を有名にしたのは、1973（昭和48）年に起きた大蛇騒動。剪宇峠で発見され、全国から何千人もの人が大蛇探しに奔走した。峠には剪宇峠大蛇大権現という神社まで建立した（現在は遷宮）。

標高 860m **所在地** 徳島県美馬市穴吹町、美馬郡つるぎ町
道路 県道259号線 普通林道北又線 **調査方法** 軽四輪駆動自動車
緯度 33°57:148' **経度** 134°06:038'

File. 099 くららとうげ

徳島県吉野川市美郷倉羅と名西郡神山町上分名ヶ平の境にある。倉羅峠を経て土俵の窪、東宮山、川井峠へと連なる剣山道である。弘法大師が修行中お経を唱えながらこの峠を越えたという伝承から、神山側では「経ノ坂峠」と呼ばれる。道路沿いに弘法大師尊像があり、かつて旧道にあったこの像を現道に移転した経緯を記した石碑もある。

四国の中央構造線は、徳島市から阿波池田沿いに流れる吉野川付近を東西に走り、その境界には大断層が横断している。倉羅すべりは吉野川市の倉羅に位置し、地すべり地内は国道193号線を横断している。地震には注意が必要な場所だ。

弘法大師が経を唱えて越えた峠

倉羅峠

徳島県吉野川市【信仰の峠】

標高 770m **所在地** 徳島県吉野川市美郷倉羅、名西郡神山町
道路 国道193号線 **調査方法** 軽四輪駆動自動車
緯度 33°59:317' **経度** 134°16:195'

File. 100 きりごえとうげ

塩の道であった深い霧の峠

霧越峠

徳島県那賀町【物流の峠】

標高 942m **所在地** 徳島県那賀郡那賀町、海部郡海陽町
道路 国道193号線 **調査方法** 軽四輪駆動自動車
緯度 33°43:404' **経度** 134°17:091'

徳島県の那賀町と海陽町を結ぶ峠である。この山道は約25㎞の距離があり、標高も約1,000m近くある険しい道だ。太平洋から吹くあたたかい風が、山の冷たい空気で冷やされ、峠が霧で覆われることが多かったことから、この名がついた。

藩政時代から昭和の初期まで物資交易の要路として使われ、人馬が往来して、塩などの物資を運んでいた。1927（昭和２）年に丹生谷線の道路改修が進み、バスの運行で利用が増加するが、1951（昭和26）年の国道195号線の整備により峠を越す人はほとんど見られなくなる。1968（昭和43）年、森林資源の開発で新霧越林道が竣工した。

File. 101 ちゅうあいとうげ

3世代のトンネルが抜かれた道

仲哀峠

福岡県香春町【物流の峠】

筑豊地域と京築地域とを分ける山地を越える峠のひとつ。峠がある篠栗街道は、奈良時代に設けられた太宰官道だったが、標高約330mの山越えは急峻なため往来は大変だった。

明治になり、筑豊の石炭や石灰石を運ぶため、1889（明治22）年に竣工したのが仲哀隧道である。隧道の坑門部は赤レンガのフランス積み、入口端部の縁取りは花崗岩切石。1929（昭和４）年には拡張工事が行われている。1967（昭和42）年に新仲哀隧道が完成し、現在は使用されておらず、国登録有形文化財になっている。2005（平成17）年には、新仲哀トンネルも完成し、こちらが主道路になっている。

仲哀隧道：1889（明治22）年竣工　延長432m　幅3.6～5.0m　高5.1m　隧道両入口の坑門部は赤レンガ（フランス積み）1929（昭和４年）拡幅
新仲哀隧道：1967（昭和42）年竣工　延長1,220m　幅9.2m
新仲哀トンネル：2005（平成17）年竣工　延長1,365m　幅8.0m　高4.5m

標高 160m　**所在地** 福岡県田川郡香春町、京都郡みやこ町　**道路** 国道201号線　篠栗街道　**調査方法** 軽四輪駆動自動車　**緯度** 33°40:491'　**経度** 130°52:480'

File. 102 いのくらとうげ

河内地堰堤から入っていく峠

猪ノ倉峠

福岡県北九州市【物流の峠】

標高 180m　**所在地** 福岡県北九州市八幡東区
道路 県道62号線脇　登山道　**調査方法** 軽四輪駆動自動車
緯度 33°40:491'　**経度** 130°52:480'

北九州市八幡東区にある河内貯水池と九州ゴルフ倶楽部八幡コースの間に位置している峠。猪倉地区は大蔵村の枝村であり、河内地区の人々と交流が盛んで、この峠をよく利用していた。峠の手前には、猪倉の隠し田があったといわれている。峠から河内貯水池までは、新しく林道が整備されており道幅も広がった。

河内地堰堤は、1927（昭和２）年、官営八幡製鉄所の電力供給用に作られたダムである。第一次世界大戦による鉄の需要増に対処するためのものだ。重力式含石コンクリートづくりで表面は石積み。貯水量700万ｔを誇り、当時東洋一であった。デザイン的にも非常に美しい。

File. 103 さかもととうげ

蛤水道で有名な蛤岳の登山口にある峠

坂本峠

佐賀県吉野ヶ里町【ハイキングの峠】

標高 540m　**所在地** 佐賀県神埼郡吉野ヶ里町、三養基郡みやき町
道路 国道385号線　肥前街道　**調査方法** 軽四輪駆動自動車
緯度 33°23:349'　**経度** 130°24:410'

佐賀県の吉野ヶ里町とみやき町との町境に位置し、佐賀県と福岡県の県境より少し佐賀県側にある。脊振《せふり》山系の主脈上にあり、蛤岳《はまぐりだけ》（標高863m）の登山口になっている。

蛤岳は、吉野ヶ里遺跡で有名な吉野ヶ里地区に清らかな水を供給してきた秀峰である。吉野ヶ里地区は、夏になると田手川の水が少なくなり、水争いが起こっていた。そこで江戸時代初期に、佐賀藩鍋島氏家臣・成富茂安が、水源である蛤岳に目をつけ、山の斜面に沿って流れるようにした水路、蛤水道（全長1,260m）を作った。2010（平成22）年には、土木学会選奨土木遺産に認定されている。

File. 104 くりのきとうげ

「国見の名水」が湧き出る峠

栗ノ木峠

長崎県佐世保市【物流の峠】

長崎県佐世保市と佐賀県西松浦郡有田町の県境にある峠で、長崎県側に少し行ったところから旧道（長崎県道54号線　栗木吉井線）が分かれている。道幅は狭く、車で向かうには過酷な運転を強いられる場所だ。古くから佐世保と伊万里を結ぶ道として、多くの人馬が往来していた。国見トンネルが無料化されたあとは佐賀県側が廃道となり、長崎県側からしか行けない。

自然が探勝できる九州自然歩道にあり、長崎県のコースは、この栗の木峠から福岡県境の基山まで122kmの道のり。峠には、「国見の名水」と呼ばれる湧水が湧き出ており、地元の人たちが水を汲みに来ている。

標高 650m　**所在地** 長崎県佐世保市潜木町、佐賀県西松浦郡有田町　**道路** 県道54号線　栗木吉井線　**調査方法** 軽四輪駆動自動車　**緯度** 33°13:316'　**経度** 129°48:409'

File. 105 にたとうげ

ロープウェーで山頂まで行ける峠

仁田峠

長崎県雲仙市【ハイキングの峠】

標高 1,020m **所在地** 長崎県雲仙市小浜町雲仙
道路 国道389号線脇 **調査方法** 軽四輪駆動自動車
緯度 32°45:033' **経度** 130°17:009'

雲仙は比叡山･高野山よりも早くからの霊場として栄えた女人禁制の山であり、その歴史は1,300年前に遡る。また、雲仙妙見岳は日本初の国立公園･特別保護地区に指定され、落ち葉ひとつ持ち帰ることができない神聖な空間になっている。

仁田峠が一躍注目されるようになったのが、1957（昭和32）年）の雲仙ロープウェーの開業。仁田峠の駐車場から標高1,300mの妙見岳山頂まで一気に上がり、展望台からは有明海や島原市内が一望できる。一帯は花の宝庫で、5月上旬からはミヤマキリシマ、ミツバツツジ、夏はヤマボウシ、秋は、色とりどりの紅葉と見どころがいっぱいだ。

File. 106 はだかたとうげ

儒学者や一揆勢力が越えた峠

波多方峠

大分県杵築《きつき》市【物流の峠】

標高 420m **所在地** 大分県杵築市大田波多方
道路 県道49号線　日向街道 **調査方法** 軽四輪駆動自動車
緯度 33°27:520' **経度** 131°34:360'
波多方トンネル：1997（平成9）年竣工　延長1,173m　幅6.5m　高4.5m

大分県杵築市大田波多方と旧西国東郡大田村（現・杵築市）の間に位置する。昔は双方の往き来が盛んで、駕篭立場などの史跡があり、波多方往還と呼ばれた。駕篭立場とは、藩主一行が領内を通行するとき、駕籠を下ろして休憩をする場所のこと。峠からは、杵築市街地や守江湾が一望できる。

本草学者の貝原益軒が、1694（元禄7）年に豊前・豊後の観光と史跡調査の旅の際にこの峠を越え、「木付（杵築）に城なし町あり」と記している。また、杵築藩の被差別民衆が差別に対抗し、峠を越えて隣の島原藩領に集団逃散をした「杵築《きづき》藩《はん》浅黄《あさぎ》半《はん》纏《てん》逃散《とうさん》一揆《いっき》」も起きている。

File. 107　かちぢとうげ

西南の役で激戦になった峠

陸地峠

大分県佐伯市【軍事の峠】

直川陸地林道の途中にある峠で、古くは豊後と日向を結ぶ主要道路のひとつだった。峠からは、祖母山（標高1,756m）、傾山（1,602m）、尺間山（645m）などの山々を望むことができる。

この峠は、西南の役で激戦を繰り広げた古戦場として知られている。1877（明治10）年５月上旬から２カ月間、薩摩藩と官軍との間で戦闘が続けられていた。７月16日の夜半、激しい雨の中での官軍の急襲に、眠りに入っていた薩摩軍の兵士たちは虚を突かれ、全滅してしまった。

峠近くには、この戦いで死亡した官軍と薩摩軍兵士の墓が建てられており、今も塹壕の跡が残っている。

標高 520m　**所在地** 大分県佐伯市直川仁田原、宮崎県延岡市北川町　**道路** 国道10号線脇　直川陸地林道　**調査方法** 軽四輪駆動自動車　**緯度** 32°50:199'　**経度** 131°46:045'

File. 108　とどろきとうげ

「蒲江八景」に選ばれた峠

轟 峠

大分県佐伯市【軍事の峠】

標高 220m　**所在地** 大分県佐伯市蒲江
道路 県道37号線　佐伯蒲江線　**調査方法** 軽四輪駆動自動車
緯度 32°49:407'　**経度** 131°54:595'
蒲江隧道：1955（昭和25）年竣工 延長115m
轟トンネル：1988（昭和63）年竣工 延長538.4m

大分県佐伯市の南に位置し、佐伯市と旧蒲江《かまえ》町を結ぶ道は、古来より海人たちの交流の道として重要であった。しかし、地形の関係からアップダウンも激しく、決して楽とはいえなかった。轟峠は、1889（明治22）～1891（明治24）年に本格的に開かれた。蒲江隧道は1955（昭和30）年に掘られ、国道388号線の新隧道開通までは、主街道として使用。後に轟トンネル開通により、主役の座を譲った。

安政年間、佐伯城下から多数の文人が蒲江に入り、３日間滞在して歌を詠んだ。そのうち蒲江の優れた景色の歌を選び、「蒲江八景」とした。轟峠も選ばれ、峠には歌碑が建っている。

File. 109 なかのたにとうげ

儒学者·廣瀬淡窓が越えた道

仲ノ谷峠

大分県佐伯市【物流の峠】

大分県南東部、九州山地の北東部にある峠。大分市と佐伯市を結ぶ重要な交通路であった。中ノ谷峠を通っていた旧国道は、8㎞に及ぶ急坂とカーブの多い難所で、道幅も狭く、小型車両の通行も容易ではなかった。別名「なかぬ峠」と呼ばれていた。それに対処するため、1963（昭和38）年に中ノ谷トンネル経由で現在の国道10号が開通。トンネル区間は1973（昭和48）年6月まで有料だった。

江戸後期の儒学者で漢詩人の廣瀬淡窓《ひろせたんそう》が旅をしたとき、この峠で日が暮れ、1軒の民家に泊まった。そのときの旅愁、家恋しさを詠んだ詩があり、峠にはその詩碑が建っている。

標高 265m　**所在地** 大分県佐伯市弥生、臼杵市
道路 国道10号線（佐伯蒲江線）　**調査方法** 軽四輪駆動自動車
緯度 33°00:013'　**経度** 131°46:340'
中ノ谷トンネル：1963（昭和38）年竣工　延長895.7m　幅8.8m　形式／在来山岳トンネル工法

File. 110 おびらごえ

神話の世界を垣間見る峠

尾平越

宮崎県高千穂町【信仰の峠】

標高 780m　**所在地** 宮崎県西臼杵郡高千穂町、大分県豊後大野市
道路 県道7号線（緒方高千穂線）　**調査方法** 軽四輪駆動自動車
緯度 32°48:346'　**経度** 131°28:279'
尾平越隧道：1966（昭和41）年竣工　延長578m　幅6.6m　高4.5m

尾平越隧道は、祖母山《そぼさん》と傾山《かたむきやま》の間を貫くトンネルである。電灯もなく真っ暗だ。反対側の出口の明かりに向かって一気に走り抜けると、尾平越に出てくる。

尾平越の高台から高千穂町を見下ろすと、山々に囲まれた盆地にある高千穂町は、一面の雲海に包まれていた。日が高くなるにつれて雲海が少しずつ小さくなっていく様は、まるで神々が天空に昇って行くような神話の世界。荘厳な雰囲気は、感動のひと言だった。

やはり、この地は神話の国。高千穂峡にある天岩戸神社の天《あまの》岩戸《いわと》に、天照大神《あまてらすおおみかみ》が隠れたとき、800万の神々が集まった場所なんだと思った。

File. 111 こばやしとうげ

限界集落にある峠

小林峠

宮崎県高千穂町【軍事の峠】

標高 632m **所在地** 宮崎県西臼杵郡高千穂町
道路 県道7号脇（林道煤市川之詰線） **調査方法** 軽四輪駆動自動車
緯度 32°46:397' **経度** 131°24:200'

宮崎県高千穂町の東側の日之影町との町境に位置し、乙野山と二ツ岳の間を抜ける鞍部の林道にある峠だ。江戸時代には、大分県（豊後）の佐伯・宇目方面と高千穂渓谷の三田井への往還に使用されていた。

峠の東側にある日之影町煤市《すすいち》は交通の要衝であり、城の争奪戦が繰り返されてきた。1960（昭和35）年に林道が開通する前は、山道の往来には馬が多く使われ、馬の士気を高めるため大きな鈴の首輪をつけていた。煤市では鈴商いの市が開かれていたことから、集落は鈴市と呼ばれており、それが煤市となった。今は、住む人が少ない限界集落となっている。

File. 112 しいやとうげ

九州ではナンバー1の峠

椎矢峠

宮崎県椎葉村【山岳の峠】

九州の峠の中ではナンバー１といってもいい峠である。宮崎県椎葉村と熊本県矢部町との県境にあり、矢部町側は内大臣《ないだいじん》林道、椎葉村側は椎葉林道と長い未舗装の林道が続く。峠は三方山（標高1,577m）と高岳（標高1,563m）の鞍部にあたり、標高も1,460mと高く、峠らしい峠である。ただし、峠付近になると道路は荒れ気味になり、土砂崩れも多いので注意が必要だ。林道開発の一部にあたる「内大臣橋」は1963（昭和38）年に完成し、1980（昭和55）年までは有料の橋であった。

また、この地域は「九州中央山地森林生物遺伝資源保存林」に指定されている。

標高 1,460m **所在地** 宮崎県東臼杵郡椎葉村、熊本県上益城郡矢部町 **道路** 内大臣林道／椎葉林道　県道265号線脇
調査方法 軽四輪駆動自動車 **緯度** 32°35:016' **経度** 131°02:425'

File. 113 いいぼしとうげ

西郷隆盛が退軍した峠

飯干峠

宮崎県諸塚村【軍事の峠】

標高 1,037m **所在地** 宮崎県東臼杵郡諸塚村七ツ山、西臼杵郡五ヶ瀬村 **道路** 国道503号線 **調査方法** 軽四輪駆動自動車
緯度 32°37:543' **経度** 131°15:258'

国道327号線交差点から約23㎞、飯干集落から約７㎞の距離にある峠。1～1.5車線くらいの狭い道で、しかも急坂のため運転も苦労する。分水嶺近くは広場になっており、北東方面の展望がすばらしい。

峠の横には「西郷隆盛退軍之路碑」が建っている。1877（明治10）年８月15日、和田越の決戦に敗れた薩摩藩は、降伏する者が相次ぎ、一部の精鋭のみ600人あまりが残った。彼らは前・中・後の３班に分かれ、可愛岳を突破し、官軍の包囲網を破って脱出した。飯干峠を越えて、23日に諸塚村に到着。この隊には、西郷隆盛をはじめ薩摩藩の首脳が加わっている。

File. 114 ほりきりとうげ

ふたつのループがある峠

堀切峠

宮崎県えびの市【物流の峠】

熊本県人吉市から宮崎県都城市に至る国道221号にある峠。別名、加久藤《かくとう》峠ともいう。舗装されておらず急峻な地形で、車での通行は可能だが、かなり苦労する。山肌に沿った狭くてカーブが多い道を越えていく必要がある。特に人吉市側は、土砂崩れの危険もはらんでいる。

1972（昭和47）年には、延長1,809mの加久藤トンネルが開通して、両市の行き来は大変スムーズになった。さらに1977（昭和52）年、1978（昭和53）年に人吉ループ、えびのループが完成。えびのループは山の稜線をはうように360度の弧を描いて橋が架けられていて、まるで空を飛んでいる気分になれる。

標高 720m **所在地** 宮崎県えびの市東川北、熊本県人吉市大畑町
道路 国道221号線（飫肥街道） **調査方法** 軽四輪駆動自動車
緯度 32°05:386' **経度** 130°48:225'
加久藤トンネル：1972（昭和47）年3月竣工　延長1,808m　幅8.5m　標高564m

File. 115　しみずとうげ

清水峠がある九州自然歩道南外輪コースは、高森町と矢部町を結んでいる。北に雄大な阿蘇五岳を眺めつつ、南は矢部郷一帯の広がりと九州脊梁《せきりょう》山地の眺望を見ながら歩く、人気のハイキングコースになっている。ナラ、ヤマモミジ、アセビ、ミヤマキリシマなどが混在する樹林の中を通り、それを過ぎると原野が広がっている。

峠から北に南郷谷に下る途中に京都と同じ名の清水寺《きよみずでら》がある。

天平のころに僧行基により創建され、火災などにより何度か再建された。秘仏である本尊の千手観音像は、住持（住職）一代に一度だけ一般の参拝が許されることになっている。

京都と同じ名前の寺がある峠

清水峠

熊本県南阿蘇町【物流の峠】

標高 820m　**所在地** 熊本県阿蘇郡南阿蘇村、上益城郡山都町
道路 県道319号（仙原高森線）　**調査方法** 軽四輪駆動自動車
緯度 32°47:272'　**経度** 131°05:109'

File. 116　ひのおとうげ

阿蘇と南郷を結ぶ重要路にある峠

日の尾峠

熊本県阿蘇市【物流の峠】

標高 990m　**所在地** 熊本県阿蘇市　**道路** 国道265号脇（日ノ尾林道）　鍋の平キャンプ場上部　**調査方法** 軽四輪駆動自動車
緯度 32°53:086'　**経度** 131°07:537'

阿蘇山中央火口丘で最も標高が高い高岳（標高1,592m）と根子岳（標高1,408）との鞍部にある峠。カルデラ北部に位置する阿蘇谷の一の宮と南部の南郷谷の高森を結ぶルートとして、古来より利用されてきた。また、南阿蘇の人々が阿蘇神社へ参拝に行く巡礼の道としても往来していた。現在は九州自然歩道の一部となっている。

中心部に高岳、根子岳などの阿蘇五岳がある阿蘇カルデラは、典型的な複式活火山で、東西約17㎞、南北約24㎞、周囲約128㎞の広さを誇る。輪のように連なるカルデラを外輪山と呼び、九州自然歩道は外輪山の東側を横断している。

File. 117 あぼとうげ

村人たちの協力で維持された峠

阿保峠

熊本県宇土市【物流の峠】

九州自然歩道にある峠。峠の道の脇には天保4年の銘が刻まれた小さな野仏がある。ほほえむ顔がとても美しいお地蔵さんで、祈願をする人々の心を150年近くもなごませてくれた。子どもたちの百日咳を治してくれるというご利益があり、百日咳の熊本地方の方言である「くすめき」から「くすめき地蔵」と呼ばれている。

また、峠には結衆《けちじゅう》板碑《いたび》と呼ばれる板碑も建っている。116名の村人の法名が刻まれたものだ。村人が積極的に村の運営に関わっていくことを表したもので、地域コミュニティの祖形といわれる。宇土市には13基の結衆板碑が存在している。

標高 229m **所在地** 熊本県宇土市宮庄町
道路 県道58号脇（九州自然歩道） **調査方法** 軽四輪駆動自動車
緯度 32°40:325' **経度** 130°36:310'

File. 118 こべっとう

子別れを惜しんだ悲しい峠

子別峠

熊本県五木村【物流の峠】

標高 996m **所在地** 熊本県球磨郡五木村、八代市
道路 県道247号線（久蓮子落合線） **調査方法** 軽四輪駆動自動車
緯度 32°29:366' **経度** 130°49:339'

標高1,000mを超える山に囲まれた熊本県五木村は、子守唄の里として知られている。峠がある山岳地帯は、奥之院と呼ぶのにふさわしく、平家の落人集落として有名な隠れ里の五家荘があり、これが五木の子守唄の原点になっている。

貧しかった五木村の農民は、娘が7～8歳になると、口減らしのために子守奉公に出されていた。出発の日、親はこの峠まで子どもを送り、別れを惜しんだのが峠名の由来。また、南北朝時代に、征西将軍・懐良親王《かねながしんのう》が五木村に身を隠したとき、親王に従い都に上る者と残された妻子が峠で別れを惜しんだので、この名がついたという説もある。

File. 119 しんみちとうげ

交易路として栄えた峠

新道峠

熊本県八代市【物流の峠】

標高 270m　**所在地** 熊本県八代市　**道路** 国道443号線脇
調査方法 軽四輪駆動自動車　**緯度** 32°34:226'　**経度** 130°45:242'
新道隧道：1988（昭和63）年竣工　延長80m

この新道峠を通る道は、物資の交流が盛んだった山村の主街道であった。この道は、小川町（現・宇城市）の商人であった塩売り勘兵衛により、1334（建武元）年以前に交易路として作られた。当時の小川町は市場として繁昌している町であった。五家荘や五木からは、お茶、椎茸、獣皮などの山産物、小川からは塩、乾物、木綿、和紙、米、油類、荒物などが運ばれていた。昭和初期まで、往来は盛んに行われていた。

1988（昭和63）年には、地元の悲願であった新道隧道が開通。峠には、新道隧道の小川側出口の右側に手すりのついた階段があるので、ここを登る。

File. 120 さんたろうとうげ

個人が開墾した峠

三太郎峠

鹿児島県住用村【物流の峠】

九州南東部から奄美大島、沖縄、八重山に旅をした柳田國男が書いた紀行文『海南小記』（大正14年）には、峠名の由来となった茶屋主人・畠中三太郎のことが書かれている。鹿児島生まれの彼は、農業指導員として奄美大島に来島。役場に雇われてお茶栽培などの指導に奔走した。

そして、41歳となった1899（明治32）年に峠付近の山林を買い取り、峠の開墾を始め、峠に農園と茶屋を開店させた。峠道は、奄美大島の南北を結ぶ幹線路でもあり、約4㎞の急な山道を登ってきた人たちにとって、茶屋でのもてなしは最高の癒しとなり、人気を集めた。峠には、茶屋跡碑が残されている。

標高 355m　**所在地** 鹿児島県大島郡住用村　**道路** 国道58号線
調査方法 乗用車（レンタカー）　**緯度** 28°17:369'　**経度** 129°25:174'
三太郎トンネル：1989（平成元）年竣工　延長2027m・　幅7m（9.25m）　高4.5m（6.4m）

僕がまわった峠リスト2,801

※「厳選！ 33の峠の物語」と「絶対行きたい峠120」で紹介した峠は除く。

―北海道エリア―

北海道〈127峠〉

NO	峠名	エリア区分	特記
56	美葉牛峠	北海道深山	深川留萌自動車道脇・電波塔
57	御料峠		国土地理院標記なし
58	戸外炉峠		峠駐車場公園・国土地理院標記なし
59	新城峠		
60	越路峠	北海道旭川	北見(中央)道路開削の碑
61	中越		上越・中越橋・第二次中越官設駅逓所跡碑
62	旭川峠		国土地理院標記なし
63	金華峠	北海道大雪山	
64	湯の山峠		現地標示:湯の山峠・国土地理院標記:旭峠
65	温根湯峠	北海道大雪山	国土地理院標記なし
66	曲り沢峠		全線ダート
67	端野峠	北海道北見	端野トンネル
68	活汲峠		活汲峠閉鎖・美幌トンネル
69	開成峠		
70	訓津峠		ゲート
71	池北峠		
72	美園峠		国土地理院標記なし・高速道路建設標示
73	小清水峠	北海道美幌峠	国土地理院標記なし
74	藻琴峠		国土地理院標記なし
75	野上峠		
76	美幌峠		駐車場道の駅・日本百名峠
77	根北峠		知床半島緑の回廊
78	清里峠		裏摩周シェルター口
79	津別峠		津別峠展望台
80	江丹別峠	北海道留萌	江丹別峠公園
81	幌加内峠		幌加内町側ゲート2段構え・電動自転車・幌加内トンネル
82	達布峠		ホリポリ湖記念公園・沼田ダム碑
83	中幌峠		中幌峠先ゲート・中幌トンネル
84	士別峠		
85	霧立峠		新保福治氏顕彰之碑苫前町
86	霧平峠		霧平トンネルが峠
87	和寒峠		峠から和寒側廃道・和幌トンネル
88	西士別峠	北海道士別	
89	学田峠		
90	上士別峠		
91	擂鉢峠		地図標記ミス
92	早田峠		西岡ダム碑
93	犬牛別峠		小沢湖周辺案内図
94	タカス峠		鷹栖峠標記
95	維文峠		脇雲居山H488
96	上紋峠		上紋峠駐車場・藻瀬狩山登山口
97	於鬼頭峠		廃道化進行・於鬼頭トンネル
98	滝西峠	北海道滝上	滝西峠林道標記
99	浮島峠		国土地理院標記なし・浮島トンネル・浮島湿原いこいの森
100	金八峠		金八トンネル
101	上原峠		
102	芭露峠	北海道サロマ湖	陸上自衛隊演習場脇
103	月見峠		(併)月見林道
104	武勇峠		
105	ルクシ峠		電動自転車/閉鎖された国道跡・新佐呂間トンネル
106	仁倉峠		
107	旭峠		峠まで林道通行可能・旭野トンネル・旭トンネル
108	三号峠		
109	知床峠	北海道知床	知床世界自然遺産:知床国立公園
110	見返り峠		

北海道〈127峠〉

NO	峠名	エリア区分	特記
1	福島峠	北海道松前	福島トンネル
2	梅漬峠	北海道函館	ゲートあり
3	稲穂峠		吉堀隧道・新吉堀トンネル建設中
4	川汲峠	北海道恵山	ゲートあり・新川汲トンネル・旧川汲トンネル
5	姫待峠	北海道熊石	乙部岳レーダーサイト
6	雲石峠		雲石峠碑
7	太櫓越峠		桧山トンネル
8	美利河峠	北海道北檜山	美利河峠碑
9	静狩峠	北海道長万部	静狩トンネル
10	礼文華峠		礼文華トンネル
11	月越峠	北海道寿都	
12	目名峠	北海道ニセコ	
13	新見峠		
14	チセヌプリ峠		
15	倶知安峠		スピードパーク
16	稲穂峠	北海道岩内	稲穂トンネル
17	出足平峠		梅川隧道・梅川トンネル新旧
18	トーマル峠		スノージェット覆道
19	冷水峠		冷水トンネル
20	小樽峠		
21	毛無峠	北海道札幌	
22	朝里峠		旧道口ゲート有・朝里峠トンネル
23	小林峠		コバスキー場
24	幌見峠		
25	広島峠	北海道支笏湖	電波塔
26	美笛峠		ブッシュ廃道化通行不能・滝笛トンネル
27	滝野峠		滝野峠旧道
28	送毛峠	北海道厚田	送毛隧道・新送毛トンネル
29	里見峠	北海道砂川	
30	千望峠	北海道富良野	
31	奥十勝峠		
32	ヌプン峠		
33	三の山峠	北海道狩勝峠	
34	幾寅峠		
35	金山峠		金山トンネル
36	日高峠	北海道日高	
37	桂峠		
38	白樺峠	北海道然別湖	東ヌプカウシヌプリ登山口
39	幌鹿峠		
40	勝北峠		全線ダート
41	三国峠		PA・三国トンネル覆道・道内最高所・遺産標示
42	鹿の子峠	北海道陸別	鹿山駅逓跡地:北見の道
43	カネラン峠		カネラン峠旧道
44	足寄峠		
45	釧北峠		
46	鶴見峠		鶴見峠口閉鎖
47	釧勝峠	北海道本別	旧道ゲート有・釧勝トンネル
48	霧止峠	北海道浦幌	旧道ゲート閉鎖徒歩走破 現道
49	旅長峠	北海道帯広	
50	追分峠	北海道襟裳岬	襟裳岬近郊
51	義経峠	北海道門別	義経神社近郊
52	似湾峠	北海道苫小牧	あずほ隧道
53	中山峠	北海道深山	中山峠養蜂場
54	恵比島峠		JR恵比須トンネル脇
55	峠下		峠下駅

北海道〈127峠〉

NO	峠名	エリア区分	特記
111	羅臼峠	北海道知床	電波塔
112	東雲峠	北海道名寄	国土地理院標記なし・電波塔脇
113	美深峠		国土地理院標記なし／クリスタルパーク
114	松山峠		国土地理院標記：美深峠
115	上幌内越峠		慰霊之塔・悠久の森
116	幌内越峠		幌内越峠案内図
117	天北峠		
118	パンケ越峠		
119	瀬戸牛峠	北海道紋別	

北海道〈127峠〉

NO	峠名	エリア区分	特記
120	札久留峠	北海道紋別	送電線と平行
121	天幕峠	北海道遠別	
122	志文内峠		国土地理院標記なし
123	小車峠		美深側より踏破電動自転車
124	天北峠	北海道音威小府	国土地理院最北峠
125	咲来峠		咲来峠観測局
126	加須美峠		函岳レーダーサイト林道ゲート閉鎖
127	知駒峠	北海道豊富	北海道最北峠・国土地理院標記なし

― 東北エリア ―

青森県〈23峠〉

NO	峠名	エリア区分	特記
1	木野部峠	青森県大畑	
2	大畑越	青森県大間崎	国土地理院標記なし
3	横流峠	青森県むつ	
4	冷水峠		
5	小湊越	青森県浅虫温泉	
6	小国峠	青森県龍飛岬	津軽中山ライン
7	中山峠	青森県金木	やまなみトンネル
8	大峠	青森県青森	
9	入内峠		
10	分水峯	青森県五所川原	分水峯
11	大釈迦峠		JR東日本奥羽本線
12	傘松峠	青森県十和田	旧津軽藩と南部藩の藩境
13	滝ノ沢峠		秋田県境
14	見返峠		秋田県境
15	坂梨峠		秋田県境・東北自動車道
16	矢立峠		秋田県境／日本百名峠
17	釣瓶落峠	青森県弘前	秋田県境、現道釣瓶落トンネル
18	長慶峠		秋田県境・長慶峠方向林道困難
19	中山峠	青森県白神岳	大間越街道案内図
20	一ツ森峠		一ツ森、一つ森峠とも呼称・標記なし
21	天狗峠		天狗峠案内図
22	津軽峠		案内図・津軽峠バス停
23	発荷峠	青森県鹿角	中央分水嶺／日本百名峠

秋田県〈47峠〉

NO	峠名	エリア区分	特記
1	一本栗峠	秋田県安比高原	通行不可／水晶山スキー場脇
2	花輪越		
3	砂子沢峠		
4	貝梨峠		中央分水嶺峠
5	梨ノ木峠		東北道梨木トンネル上部／568地点
6	大場谷地峠		
7	鍋越峠		安比高原・積雪通行不可
8	秋田峠	秋田県森吉	秋田峠トンネル
9	正神峠	秋田県八幡平	積雪通行不可
10	見返峠		大更八幡平線、岩手県境
11	尻高峠	秋田県太平山	峠通行止・尻高トンネル・玉川ダム・玉川湖
12	大覚野峠		廃道・国土地理院標記なし
13	熊見峠		積雪通行不可・国土地理院標記なし
14	萩形臼井峠		萩形臼井峠通行止・萩形キャンプ場
15	荷背ノ峠	秋田県八郎潟	
16	妻恋峠		廃道・国土地理院標記なし
17	茶臼峠		男鹿半島線・旧道
18	柴倉峠	秋田県田沢湖	
19	仙岩峠		峠閉鎖・岩手県境・中央分水嶺・仙岩T
20	峰越峠		
21	細越	秋田県角館	
22	草峠		
23	中山峠	秋田県湯田	峠通行止・小倉山トンネル・中山2号、1号トンネル
24	萱峠		岩手県境
25	白沢峠	秋田県大曲	白沢トンネル
26	大台峠		
27	高杉峠		

秋田県〈47峠〉

NO	峠名	エリア区分	特記
28	芹沢峠	秋田県大曲	八沢トンネル（新道：横手大森大内線）
29	黒森峠		黒森山
30	矢向峠		矢向トンネル
31	矢立峠		峠通行止・矢立トンネル
32	折渡峠	秋田県本荘	JR東日本羽越本線は折渡トンネル
33	八木山峠		
34	田代峠		峠不可・田代峠トンネル
35	小友峠		
36	巣郷峠	秋田県焼石岳	中央分水嶺峠・岩手県境・国土地理院標記なし
37	大森山峠		峠登山道・大森山トンネル・岩手県境・標記なし
38	道満峠	秋田県湯沢	積雪通行不可
39	山谷峠		峠崩落・山谷トンネル・児童公園
40	宇留院内峠		旧道：スノーシェッド内・宇留倉トンネル
41	笹子峠		
42	立石峠		
43	真坂峠		
44	梨ノ木峠		
45	七曲峠		七曲峠碑
46	横根峠		
47	境峠		国土地理院標記なし

岩手県〈124峠〉

NO	峠名	エリア区分	特記
1	山伏峠	岩手県久慈	
2	赤石峠		
3	五枚橋峠		国土地理院標記なし
4	ノソウケ峠		
5	小峠	岩手県二戸	折爪トンネル
6	猿越峠		
7	黒森峠	岩手県平庭高原	通行止
8	サツ峠		
9	大峠		
10	平庭峠		久慈平庭県立自然公園地域内
11	角掛峠		
12	卯坂峠		
13	大月峠		
14	御沢峠		
15	白石峠		
16	細越峠		
17	大坊峠	岩手県安代	
18	十三本木峠		国道4号線最高地点・中山峠、奥山中峠とも呼称
19	オノ神峠	岩手県田老	
20	越ノ石峠		大芦トンネル
21	つかの峠		国土地理院標記なし
22	鍋割峠		
23	末前峠		国土地理院標記なし
24	龍ケ飲水峠		
25	早坂峠	岩手県岩泉	早坂トンネル・早坂峠道路バイパス
26	石峠		
27	国境峠		旧盛岡藩と八戸藩の藩堺
28	鈴峠		
29	オマルベ峠		
30	石峠		石峠トンネル

岩手県〈124峠〉

NO	峠名	エリア区分	特記
97	田原峠	岩手県水沢	田原峠碑
98	笹ノ田峠	岩手県気仙沼	笹ノ田トンネル
99	飯盛峠		宮城県境
100	通岡峠		
101	只越峠		只越峠通行不能・唐桑トンネル
102	石割峠		
103	佐戸巻峠		林道圧雪通行不能
104	中谷峠		林道圧雪通行不能（宮城県境）
105	安道峠	岩手県一関	安道峠廃道化・全越沢ダム管理道路脇
106	黒地田峠		
107	新地峠		
108	小松峠		
109	牛山峠		
110	花立峠		
111	天神峠		登山道天神峠
112	柳峠		
113	地蔵峠		
114	市道峠		
115	山毛欅峠		（県道230号丸森権現堂線）
116	東岳峠		
117	奈良坂峠		
118	枯木峠		
119	小峠		
120	七曲峠		
121	植立峠		
122	栗駒峠	岩手県栗駒山	栗駒山北側・中央分水嶺・国土地理院標記なし
123	花山峠		秋田県境・中央分水嶺
124	湯浜峠		

宮城県〈36峠〉

NO	峠名	エリア区分	特記
1	坂の貝峠	宮城県志津川	
2	横山峠	宮城県迫	国土地理院標記なし
3	羽沢峠		
4	水界峠		水界峠通行不能・新水界トンネル
5	弥惣峠		弥惣峠林道圧雪通行不能・スタック
6	七曲峠		岩手県境
7	繰石峠		東盤井広域農道合流点
8	田尻諏訪峠	宮城県鳴子	
9	国見峠		
10	水神峠		荒湯地獄脇
11	名振峠	宮城県女川	
12	荒峠		
13	大浜峠		
14	大盤峠		大盤平放牧場
15	風越峠	宮城県石巻	風越トンネル・硯上山万石浦県立自然公園内
16	雄勝峠		石巻雄勝線冬期閉鎖
17	釜谷峠		峠斜面崩壊通行不能・釜谷トンネル
18	小積峠	宮城県牡鹿	新小積トンネル・万石浦側鮎川側斜面崩壊通行不能
19	石峠		
20	太田峠		路肩崩壊（450m手前）・道路脇登山道
21	国見峠	宮城県仙台	市道・国土地理院標記なし
22	茅峠		
23	四方峠	宮城県岩沼	川崎町一部液状化・峠の石が飛び跳ねている
24	箕輪峠		馬頭観音
25	割山峠		
26	明通峠		
27	高瀬峠	宮城県相馬	
28	馬船峠		山元町側角田市側通行禁止
29	小斎峠		三叉路
30	福田峠		福島県境
31	鈴宇峠		福島県境・登山道林道脇H247m
32	大沢峠		福島県境
33	旗巻峠		旗巻古戦場脇・三叉路、福島県境
34	段田原峠		
35	松坂峠		切通し、福島県境
36	佐須峠		

岩手県〈124峠〉

NO	峠名	エリア区分	特記
31	松坂峠	岩手県岩泉	
32	小峠	岩手県宮古	
33	雄又峠		
34	石峠		
35	白浜峠		
36	寒風峠		
37	一押角峠	岩手県早池峰山	雄鹿戸トンネル
38	大峠		大峠トンネル・登山道
39	小田越		早池峰山麓／薬師岳登山口・山荘
40	区界峠	岩手県盛岡	区界トンネル・区界高原
41	篠木坂峠		
42	星山峠		
43	折壁峠		
44	長野峠		
45	大骨峠	岩手県山田	大骨峠トンネルが並行
46	恋ノ峠		
47	宮沢峠		
48	小野越		
49	祭神峠		
50	ブナ峠		国土地理院標記なし
51	土坂峠	岩手県遠野	（旧金沢街道）
52	立丸峠		
53	樺坂峠		白見牧場脇
54	鷹巣峠		通行止
55	忍峠（シダ峠）		
56	神遣峠		
57	馬越峠		（旧三陸浜街道）
58	鶉子峠		
59	界木峠		
60	笛吹峠		権現山
61	小峠		小峠トンネル
62	土室峠		
63	小友峠		
64	有宇内峠	岩手県花巻	
65	礫峠		
66	内楽木峠		
67	滑峠		
68	拝峠		
69	古田峠		古田トンネル
70	花見石峠		
71	中山峠		
72	雷神峠		東和町石持側より
73	樺峠		
74	谷内峠		
75	丸森峠		
76	氷口峠		
77	土越峠		
78	黒崎峠	岩手県釜石	
79	佐須峠		国土地理院標記なし
80	荷沢峠	岩手県大船渡	
81	折壁峠		国土地理院標記なし
82	蕨峠		衣川水沢線（県道236）
83	赤羽根峠		赤羽根トンネル・スキー場
84	新平田峠		
85	秋丸峠		（秋丸トンネル）
86	箱根峠		通行止
87	鍋倉峠		
88	羅生峠		羅生トンネル・峠大荒れ
89	赤坂峠		五葉山案内
90	六郎峠		
91	白石峠		白石トンネル・太平洋セメン～長岩鉱山脇
92	糖森峠	岩手県水沢	
93	下峠		
94	姥石峠		種山トンネル・種山ケ原
95	越路峠		市営越路スキー場
96	河原峠		天狗岩牧場尾根

福島県〈83峠〉

NO	峠名	エリア区分	特記
1	山崎峠	福島県福島	福島県境・大子平砦跡・道標記
2	石母田峠		福島県境
3	板谷峠		中央分水嶺・福島県境・日本百名峠
4	栗子峠		西栗子トンネル・福島県境
5	笹峠	福島県原町	
6	八木沢峠		
7	金谷峠		
8	風越峠		上葛牧場横
9	登館峠		
10	母成峠	福島県二本松	中央分水嶺・古戦場
11	土湯峠		中央分水嶺
12	湖見峠		中央分水嶺
13	峠	福島県喜多方	国土地理院標記なし
14	涼風峠		国土地理院標記なし
15	取上峠		
16	桜峠		桜峠牧場・国土地理院標記なし
17	細野峠		峠崩壊・通行止・棚倉構造線
18	蘭峠		
19	大塩峠		北塩原村史跡標
20	譲屋峠		通行止
21	滝沢峠		金堀城跡
22	沓掛峠		
23	八重久原峠	福島県津川	
24	越戸峠		
25	新稲荷峠		
26	杉木峠		
27	鳥井峠		新潟県境／日本百名峠
28	惣座峠		福取トンネル
29	諏訪峠		
30	蕨峠		
31	正木越		
32	車峠		車トンネル
33	石坂峠		
34	陣ケ峯峠		
35	塩峰峠		塩峰トンネル
36	鐘撞堂峠		
37	七折峠		七折峠トンネル
38	藤峠		藤トンネル・国土地理院標記なし
39	杉峠		国土地理院標記なし
40	掛札峠	福島県双葉	
41	割山峠		
42	風越峠	福島県郡山	
43	諏訪峠	福島県会津若松	
44	三森峠		峠通行止・三森トンネル・中央分水嶺
45	中山峠		中山トンネル・峠通行止・棚倉構造線
46	黒森峠		黒森トンネル
47	勢至堂峠		勢至堂トンネル・中央分水嶺
48	鳳坂峠		棚倉構造線
49	馬入峠		
50	安藤峠		会津布引高原風力発電
51	沼ノ平峠		
52	舟子峠		舟子峠茶屋跡
53	オソフキ峠		
54	氷玉峠		氷玉トンネル・三郡境の塚・下野街道駐車場
55	中山峠		
56	大辺峠	福島県会津川口	眺望：志津倉山大絶壁
57	喰丸峠		喰丸トンネル
58	原入峠		
59	博士峠		
60	海老山峠		断念：湧水多く林道が荒れている
61	赤留峠		
62	銀山峠		
63	大谷峠		
64	尻吹峠		ファミリーランドかねやま
65	四十九院峠		
66	松坂峠		

山形県〈64峠〉

NO	峠名	エリア区分	特記
1	三崎峠	山形県鳥海山	秋田県境
2	主寝坂峠	山形県真室川	新主寝坂トンネル・国土地理院標記なし
3	雄勝峠		現道雄勝トンネル・秋田県境・標記なし
4	松ノ木峠		峠斜面崩壊による廃道・松ノ木トンネル
5	鬼首峠		鬼頭トンネル・鬼首道路・宮城県境・閉鎖
6	青沢越	山形県酒田	青沢隧道
7	中山越	山形県新庄	(中山峠)・中央分水嶺・封人の家
8	山刀伐峠		「奥の細道」最大の難所・日本百名峠
9	猿羽根峠		猿羽根隧道・地蔵尊
10	花立峠		宮城県境・中央分水嶺・日本百名峠
11	福舟峠		町境
12	吹越		吹越山稜線手前
13	鬼坂峠	山形県湯野浜	峠登山道・鬼坂隧道・現道鬼坂トンネル
14	仙ノ沢峠		
15	由良峠		「由良坂」とも呼称
16	鍋越峠	山形県村山	鍋越峠トンネル・宮城県境・中央分水嶺
17	松橋峠		通行止め
18	背あぶり峠		(背炙峠とも表記)
19	関山峠(隧道)		関山トンネル・隧道(峠)閉鎖・宮城県境・中央分水嶺
20	八久和峠	山形県月山	棚倉構造線
21	大越		六十里越街道の峠
22	十部一峠		峠下は永松銅鉱山
23	楠峠	山形県鼠ケ関	楠トンネル・新発田・小出構造線
24	高楯峠		神馬沢林道
25	越路峠		新発田・小出構造線
26	角間台峠		新発田・小出構造線
27	一本杉峠		
28	関川峠		
29	二口峠	山形県山形	林道高沢馬形線ゲート全面通行止・宮城県境
30	イロハ峠	山形県朝日岳	
31	クキノ峯峠		
32	萩ノ森峠		
33	地蔵峠		
34	山毛欅峠		棚倉構造線
35	三本木峠		
36	愛染峠		通行止・朝日鉱泉・黒鴨林道・避難小屋
37	茎ノ峯峠		登頂断念・工事車両通行のため路面ネトネト(コケル)
38	狐越		
39	小滝越		白鷹トンネル
40	小滝峠		境小滝トンネル・棚倉構造線
41	すずらん峠	山形県蔵王	
42	鉢森峠		
43	刈田峠		刈田峠バス停・中央分水嶺
44	紅葉峠		蔵王中央ロープウェイ鳥兜駅(中央ゲレンデ)
45	柏木峠		峠は随所に倒木徒歩で踏破・柏木トンネル
46	二井宿峠		二井宿第一・第二トンネル・中央分水嶺・宮城県境
47	稲子峠		
48	鳩峰峠		中央分水嶺・鳩峰牧場脇・福島県境
49	寺坂峠	山形県南陽	棚倉構造線
50	明神平峠		全ダートコース
51	長根峠		
52	諏訪峠		旧越後街道
53	赤岩峠		棚倉構造線
54	桜峠		国土地理院標記なし
55	大平峠		大平歩道入口
56	大峠通行止	山形県米沢	大峠トンネル(東北最長)・福島県境
57	中山越		
58	綱木峠		米沢街道古道
59	船坂峠		船坂トンネル・棚倉構造線
60	御伊勢峠		
61	権平峠		自然公園の上部
62	菅沼峠		
63	大畑峠		峠より反対側は通行止め
64	九才峠		

福島県〈83峠〉

NO	峠名	エリア区分	特記
67	鳥居峠	福島県会津川口	高清水自然公園内の峠
68	長沢峠	福島県いわき	
69	鳥峠	福島県白河	鳥峠稲荷神社
70	八幡峠	福島県那須	
71	真名子峠		国土地理院標記なし
72	山王峠	福島県会津高原	山王峠閉鎖・山王トンネル・栃木県境
73	中山峠(上)		中山トンネル八総スノーシェルター
74	旧中山峠		
75	古桧峠		
76	戸板峠	福島県会津高原	戸板峠積雪閉鎖
77	駒止峠		駒止トンネル・戸板山スノ-シェルター
78	旧駒止峠		
79	唐沢峠		唐沢トンネル
80	新鳥居峠		
81	軽石峠		駒止湿原
82	小野沢峠		登山道・積入山トンネル
83	赤土峠		

―関東甲信越エリア―

埼玉県〈63峠〉

NO	峠名	エリア区分	特記
1	山伏峠	埼玉県秩父	舗装化
2	正丸峠		正丸トンネル
3	虚空蔵峠		
4	刈場坂峠		案内図
5	飯盛峠		
6	花立松ノ峠		国土地理院標記なし
7	傘杉峠		案内図・造林標記
8	顔振峠		案内図・登山道
9	一本杉峠		国土地理院標記なし
10	ヤセオネ峠		国土地理院標記なし
11	小倉峠		小倉城跡・標記なし
12	松郷峠		国土地理院標記なし
13	横吹峠		国土地理院標記なし
14	桂木峠		国土地理院標記なし
15	大野峠		案内図
16	高篠峠		案内図・国土地理院標記なし
17	白石峠		案内図
18	定峰峠		
19	ぶな峠		峠の碑
20	七重峠		国土地理院標記なし
21	粥新田峠		
22	二本木峠		
23	鷲ノ口峠		
24	釜伏峠		
25	曽根坂峠		
26	小鹿坂峠		十三権者の石仏(札所23番「音楽寺」)
27	一本杉峠		小鹿野町指定天然記念物
28	団子坂峠		裏側ユニオンエースGC
29	文殊峠		金精神社・国土地理院標記なし
30	布沢峠		登山道
31	寒神峠		国土地理院標記なし
32	葉原峠		国土地理院標記なし
33	間瀬峠		中央構造線
34	出牛峠		埼玉長瀞GG
35	奈良尾峠		秩父郡長瀞町奈良尾
36	大槻峠		国土地理院標記なし
37	杉ノ峠		
38	櫓峠		手前の林道:やぐら
39	住居野峠		国土地理院標記なし
40	風早峠		
41	石間峠		城峯山・国土地理院標記なし
42	有間峠		
43	坂丸峠		登山道・群馬県境
44	矢久峠		群馬県境
45	二子峠		二子トンネル・二子山下部
46	志賀坂峠		登山道・志賀坂トンネル・群馬県境
47	茅ノ坂峠		林道脇の峠
48	戸蓋峠		
49	八丁峠		八丁隧道
50	太田部峠	埼玉県大滝	登山道
51	土坂峠		土坂隧道・群馬県境
52	杉ノ峠		一部登山道・群馬県境
53	三国峠	埼玉県大滝	長野県境・中央分水嶺
54	ぶどう峠		祠・中央分水嶺・群馬県境
55	八倉峠		八倉峠脇崩れ
56	桧沢峠		
57	塩之沢峠		塩の沢トンネル
58	大福峠		
59	石神峠		
60	杖植峠		通行止め
61	栂峠		ゲートチェーン閉鎖・長野県境・中央分水嶺
62	大上峠		長野県境
63	十石峠		長野県境・日本百名峠

東京都〈47峠〉

NO	峠名	エリア区分	特記
1	勝楽峠	東京都青梅	交差点・国土地理院標記なし
2	東峠		国土地理院標記なし
3	天神峠		3回挑戦・峠切り通し:TLM220R
4	仁田山峠		舗装・県道53に繋がる
5	赤根峠		峠地蔵:TLM
6	山王峠		舗装化
7	倉掛峠		峠記念碑:TLM
8	天目指峠		TLM
9	豆口峠		神送り場:環境庁・埼玉県
10	榎峠		完全舗装
11	笹仁田峠		
12	七国峠		七国峠稜線尾根分岐
13	松ノ木峠		松ノ木トンネル・国土地理院標記なし
14	野猿峠		バス停・国土地理院標記なし
15	七国峠		峠突き当たりの七国宅地化
16	小峰峠		舗装・小峰隧道・新小峰トンネル
17	二ツ塚峠		中継所入口:TLM
18	満地峠		旧満地トンネル(舗道用)・新満地トンネル
19	梅ヶ谷峠		完全舗装
20	梅野木峠		
21	馬引沢峠		入口チエーン閉鎖・処分場裏手
22	蛇野峠		大久野ふじ東京都指定天然記念物
23	大ダワ		積雪徒歩走破・国土地理院標記なし
24	風張峠		峠駐車場(奥多摩有料道路)
25	浅間峠		峠登山道・山梨県境
26	大垂水峠	東京都八王子	神奈川県境
27	御殿峠		日本百名峠
28	和田峠		陣馬街道:峠茶屋駐車場:旧称案下峠
29	醍醐峠		登山道・神奈川県境
30	入山峠		国土地理院峠位置と林道位置が異なる
31	七曲り峠		(雨間峠)・国土地理院標記なし
32	戸沢峠		国土地理院標記なし
33	関場峠		小下沢線林道1.7kmゲート
34	牧馬峠		車幅制限あり
35	越路峠		国土地理院標記なし
36	三増峠		林道通行禁止・三増トンネル
37	志田峠		
38	トズラ峠		津久井鳥屋・国土地理院標記なし
39	地震峠		関東大震災堰き止め被害地

栃木県〈54峠〉

NO	峠名	エリア区分	特記
50	大越路峠	栃木県鹿沼	大越路トンネル
51	栗沢峠		栗沢峠碑
52	羽鶴峠		羽鶴峠立木地蔵尊・標記なし
53	象間峠		電柱標記・運動公園・標記なし
54	越床峠	栃木県足利	越床トンネル・柏崎千葉構造線

神奈川県〈44峠〉

NO	峠名	エリア区分	特記
1	朝比奈峠	神奈川県横浜	鎌倉市十二所バス停・標記なし
2	六国峠		(天園とも表記)・標記なし
3	権田峠		市立権田坂小学校・標記なし
4	南中峠		ゲート(六把峠とも表記)・標記なし
5	滝の坂峠		滝の坂隧道・国土地理院標記なし
6	十三峠		塚山公園内
7	一寸峠		茅ヶ崎里山公園内
8	順礼峠	神奈川県小田原	七沢森林公園徒歩
9	さるげいと		恩名「大山街道:去る峠」・標記なし
10	打越峠		金毘羅神社・馬坂標柱・標記なし
11	津古久峠		岡津古久:日産テクニカルセンター脇・標記なし
12	物寄峠		飯山観音付近・標記なし
13	やまなみ峠		(鳶尾山峠)・国土地理院標記なし
14	狢坂峠		清川村御門橋バス停入口TLM無理
15	菩薩峠		富士見山荘・橋を西に曲がる
16	ヤビツ峠		矢櫃峠とも表記:丹沢で有名
17	峠		渋沢隧道・神奈中バス停
18	善波峠		登山道・善波隧道・新善波隧道
19	浅間峠		権現山公園脇・標記なし
20	峠公園		中央交通バス停・標記なし
21	六本松峠		沼代六本松跡・曽我梅林を見渡せる見事な絶景
22	五国峠		農道記念碑・標記なし
23	窪篠峠		窪篠トンネル・国土地理院標記なし
24	都夫良野峠		都夫良野地蔵堂
25	中山峠		舗装・太平洋C相模C北・標記なし
26	秦野峠		入口閉鎖・舗装、登山道
27	尺里峠		虫沢峠・弟六天峠・標記なし
28	松ケ山峠		松ケ山隧道・標記なし
29	富士見峠		登山道:自転車通行禁止・標記なし
30	イヌクビリ峠		神縄隧道・神縄トンネル・標記なし
31	犬越路峠		登山道・犬越路隧道:木沢・神ノ川ゲート有
32	矢倉沢峠		道通行禁止・金時隧道・明神林道
33	碓氷峠		林道
34	七国峠		平塚市七国峠遠藤原:ゴルフ場脇
35	長尾峠	神奈川県富士山	登山道・長尾トンネル・日本百名峠
36	乙女峠		登山道:乙女トンネル手前の碑
37	三国峠		山梨県境
38	天神峠		
39	明神峠		合流世附林道閉鎖
40	篭坂峠		静岡県境
41	山伏峠		登山道・山伏隧道・山伏トンネル
42	二十曲峠		
43	切通峠		登山道
44	世附峠		登山道・不老の滝手前ゲート有

静岡県〈70峠〉

NO	峠名	エリア区分	特記
1	しらびそ峠	静岡県天竜峡	
2	大鍋越	静岡県下田	カンス林道・大鍋林道
3	婆娑羅峠		婆娑羅峠隧道
4	蛇石峠		
5	大峠		
6	冷川峠	静岡県伊東	
7	鹿路庭峠		中大見八幡野線:県道112・標記なし
8	国士越		
9	風早峠		静岡県道411号西天城高原線
10	仁科峠		
11	大洞峠		
12	南な妙峠		
13	吉奈峠		棚場山トンネル南側

東京都〈47峠〉

NO	峠名	エリア区分	特記
40	半原越	東京都八王子	法論堂・首都圏自然歩道
41	土山峠		駐車エリア・国土地理院標記なし
42	物見峠		峠入口閉鎖・隧道
43	金波美峠		阿夫利山:秋山CC
44	大地峠		大地峠トンネル
45	和見峠		峠手前ゲート:国土地理院標記なし
46	倉子峠		くらご峠・句碑
47	七国峠	東京都南部	川崎市麻生区千代ケ丘八丁目:標記なし

千葉県〈5峠〉

NO	峠名	エリア区分	特記
1	横根峠	千葉県鴨川	君津市との市境:日本百名峠
2	四方木峠		鴨川市バス停:国土地理院標記なし
3	君津峠		君津隧道・君津トンネル・国土地理院標記なし
4	木之根峠		道なし・富津市切通し・大山林道
5	白石峠		南房総市ゴルフ場入口

栃木県〈54峠〉

NO	峠名	エリア区分	特記
1	戸中峠	栃木県棚倉	棚倉構造線
2	中山峠		真名畑トンネル・産廃防止通行禁止
3	関ノ田和峠		茶の里トンネル・国土地理院標記なし
4	富士見峠	栃木県黒磯	
5	明神峠		明神トンネル
6	小元峠		棚倉構造線
7	唐松峠		
8	鶴居峠		
9	八方越		登山道・小間口・八方ケ原
10	角折峠		角折峠社・国土地理院標記なし
11	うなぎ峠		旧道口閉鎖・木佐美南方トンネル・国土地理院標記なし
12	法師峠		社参道・那須野ケ原CC・国土地理院標記なし
13	日暮峠		
14	尾頭峠	栃木県鬼怒川温泉	道路なし・尾頭トンネル
15	湯坂峠		登山道
16	安ケ森峠		全線舗装・中央分水嶺
17	土呂部峠		三叉路・田代山林道
18	田代山峠		中央分水嶺・ゲート有・国土地理院標記なし
19	小峠		小峠
20	小繁峠		峠はトンネル・国土地理院標記なし
21	萱峠		萱峠トンネル
22	大笹峠		峠碑・国土地理院標記なし
23	一本杉		一本杉標記・鬼怒川温泉ロープウェイ丸山山頂駅
24	高原峠		国土地理院標記なし
25	花立峠	栃木県矢板	林道にてコケル
26	伴睦峠		伴睦峠パーク
27	行人塚峠		
28	花立峠		
29	国見峠		案内図
30	矢白峠		
31	倉掛峠		旧道:登山道・峠碑
32	日暮峠		国土地理院標記なし
33	弥五郎坂		弥五郎坂旧道・ニッカウイスキー工場
34	山王峠(2)	栃木県日光	中央分水嶺
35	滝ケ原峠		
36	細尾峠		峠通子止・日足トンネル・日本百名峠
37	粕尾峠		栃木県道58号線草久足尾線
38	鞍掛峠		鞍掛トンネル
39	古峰ケ原峠		峠祠・案内図・国土地理院標記なし
40	山久保峠		国土地理院標記なし
41	六方沢越		霧降高原・案内板・国土地理院標記なし
42	廻峠	栃木県鹿沼	記念碑・大平台CC
43	老越路峠		足利CC
44	近沢峠		近沢トンネル
45	猪子峠		猪子トンネル
46	藤坂峠		碑
47	馬投峠		
48	寺坂峠		
49	古越路峠		古越路トンネル

山梨県〈44峠〉

NO	峠名	エリア区分	特記
8	黒平峠	山梨県塩山	乙女高原・国土地理院標記なし
9	太良峠		
10	鳥居峠		琴川ダム一望
11	焼山峠		
12	犬切峠		
13	柳沢峠		
14	ホッチ峠	山梨県韮崎	サクラリゾート
15	雷塚峠		CCグリーンバレイ・ゴルフ場・標記なし
16	和田峠		バス停・千代田湖
17	モジリ峠		精進ケ滝林道
18	見返り峠		
19	中山峠		中山麓
20	鳥居峠		
21	観音峠		曲岳
22	長窪峠		
23	木賊峠		
24	鈴ケ音峠	山梨県大月	舗装・ブリティシュガーデンC脇・標記なし
25	突坂峠		稜線上は徒歩
26	道坂峠		道坂隧道
27	側子峠		舗装・国土地理院標記なし
28	鳥居地峠		山中湖忍野富士吉田線
29	立ノ塚峠		内野から徒歩走破
30	大峠		西側に雁ケ腹摺山
31	湯ノ沢峠		峠の公衆便所
32	御坂峠		登山道・御坂隧道・トンネル御坂登山道
33	日向坂峠		
34	鳥坂峠		登山道・鳥居隧道・新鳥坂トンネル
35	夜叉神峠	山梨県甲府	登山道・夜叉神トンネル通行規制:糸魚川・静岡構造線
36	藤田峠		四尾連湖
37	照坂峠		照坂トンネル
38	十谷峠		
39	桜峠	山梨県身延	上稲子棚田(静岡県棚田等十選認定)
40	山伏峠		(山伏)峠の標記はない
41	八木沢峠		
42	佐野峠		
43	大和峠		
44	安倍峠		峠登山道・身延町大城・葵ゲート:静岡県境・糸魚川静岡構造線

茨城県〈24峠〉

NO	峠名	エリア区分	特記
1	旗立峠	茨木県小名浜	
2	御斉所峠		御斉所トンネル・御斉所熊野神社
3	境明神峠	茨木県大子	栃木県境・日本百名峠
4	道坂峠		太郎山西北:南郷街道
5	烏帽子掛峠		栃木県境・馬頭観音・棚倉構造線
6	タバッコ峠		尺寸山東部・諸川上流域
7	明神峠		(明神坂)福島県境
8	猪ノ鼻峠		奥久慈憩いの森・鍋足山北部
9	花立峠		花立トンネル・国土地理院標記なし
10	白谷峠		諸川村・GCセブンレイクス
11	こまねぎ峠	茨木県水戸	津室山南部
12	奈良駄峠		高峯東部・栃木県境
13	鍬柄峠		
14	仏ノ山峠		仏頂山北東部:栃木県境
15	中山峠		
16	高峠		徒歩・現スターツ笠間CC脇
17	一本杉峠	茨木県筑波山	四差路に碑:加波山南部
18	上曽峠		きのこ山南部・国土地理院標記なし
19	湯袋峠		湯袋峠碑:きのこ山南部
20	風返峠		尾根上の大型交差点:表筑波スカイライン
21	不動峠		不動峠下部:表筑波スカイライン上部
22	朝日峠		朝日トンネル・展望台・標記なし
23	板敷峠		峠記念碑:吾国山西部
24	道祖神峠		二輪車通行禁止:吾国山東部

静岡県〈70峠〉

NO	峠名	エリア区分	特記
14	土肥峠	静岡県伊東	(船原峠)・船原トンネル
15	戸田峠		西伊豆スカイライン
16	真城峠		真城山麓
17	諸坪峠		萩ノ入林道ゲート:電動自転車
18	富士見峠	静岡県熱海	国土地理院標記なし
19	湯河原峠		国土地理院標記なし
20	箱根峠		芦ノ湖スカイライン
21	十国峠		伊豆箱根鉄道十国鋼索線ケーブル
22	熱海峠		熱海函南線・熱海箱根峠線
23	韮山峠		
24	山伏峠		山伏峠IC
25	亀石峠		亀石峠IC
26	湖尻峠	静岡県沼津	仙石原新田線・神奈川県境
27	三国峠		国土地理院標記なし
28	杓子峠		国土地理院標記なし
29	山伏峠		道路脇登山道
30	打越峠	静岡県清水	
31	笠張峠		糸魚川・静岡構造線
32	富士見峠		
33	大日峠		大日駐車場
34	井川峠		登山道入口
35	薩垂峠		景勝地・駐車場
36	富士見峠		清水工業団地
37	大峠		
38	犬巻峠		
39	樽峠		登山道・静岡県境　483
40	ハナズラ峠	静岡県本川根	
41	二本松峠		
42	山住峠		中央構造線・山住神社
43	明光寺峠		明光寺
44	大津峠		登山道・大津隧道
45	地蔵峠		
46	和山間峠		
47	地八峠		
48	野田沢峠	静岡県静岡	
49	西又峠		
50	富厚里峠		
51	清笹峠		
52	桧峠	静岡県金谷	
53	萩坂峠	静岡県豊川	
54	木山坂峠		
55	宇利峠		愛知県境・中央構造線
56	山中峠		愛知県境
57	本坂峠		本坂トンネル・愛知県境・ヨ本百名峠
58	瓶割峠		
59	福津峠		県道445鳳来三ヶ日線
60	風越峠		
61	浅間峠		
62	吉川峠		
63	陣座峠		静岡県境
64	風越峠		風越峠碑
65	引佐峠		奥浜名オレンジロード
66	中代峠		
67	杉峠		杉峠寺
68	地蔵峠	静岡県御前崎	地蔵トンネル
69	長坂峠	静岡県掛川	長坂トンネル
70	利木峠	静岡県豊橋	愛知県境

山梨県〈44峠〉

NO.	峠名	エリア区分	特記
1	今川峠	山梨県塩山	舗装・国土地理院標記なし
2	鶴峠		バス停・アンテナ塔
3	松姫峠		松姫トンネル・案内板・碑
4	石丸峠		登山道:稜線上
5	上日川峠		レストハウス:ロッジ長兵衛
6	坂脇峠		
7	弓張峠		

新潟県〈111峠〉

NO	峠名	エリア区分	特記
21	沼越峠	新潟県加茂	新発田・小出構造線
22	悪場峠		悪場峠
23	楢木峠		新発田・小出構造線
24	人面峠		ゲート閉鎖峠廃道化・人面トンネル
25	中永峠	新潟県三条・燕	中永隧道・中永トンネル
26	剣峰峠		
27	桑探峠		
28	水ノ木峠	新潟県只見	八木鼻岸壁／新発田・小出構造線
29	池ノ峠		スノーシェッド
30	五輪峠		新発田・小出構造線
31	石峠		石峠閉鎖・石峠トンネル
32	大平峠		
33	須原峠		新発田・小出構造線
34	松坂峠		自然科学館星の家
35	石川峠	新潟県長岡	新発田・小出構造線
36	田島峠		
37	尼が額峠		尼が額分岐
38	廻谷峠		
39	薬師峠		柏崎・千葉構造線
40	武石峠		武石トンネル
41	広田峠		登山道合流
42	塚山峠		塚山トンネル
43	曽地峠		赤田トンネル
44	沖見峠		沖見峠トンネル・国土地理院標記なし
45	榎峠		比礼隧道・新榎トンネル
46	桜峠		
47	森立峠		
48	風口峠		変則五差路交差点
49	南蛮峠		（高龍神社）
50	萱峠		（萱峠牧場奥）
51	大道峠		四方拝山(474.6)脇
52	星ケ峠		国土地理院標記なし
53	川口峠		峠雪覆道
54	小村峠	新潟県柏崎	小村峠御地蔵
55	枝折峠	新潟県奥只見湖	駒ヶ岳登山口
56	豊原峠	新潟県十日町	豊原トンネル
57	三方峠		
58	湯峠		大松山大池
59	蝦池峠		有倉山
60	栃窪峠		魚沼スカイライン・県道82十日町塩沢線
61	清水峠		笠置山
62	薬師峠		バッテリー故障・薬師トンネル
63	栃原峠		
64	三坂峠		三坂トンネル
65	坪山峠		
66	大沢峠		県道341大沢小国小千谷線
67	榎峠		新発田・小出構造線
68	道見峠		県道445法末真人線
69	雪峠		
70	八箇峠		見晴台・峠は廃道・八箇トンネル
71	松之山天水越		天水トンネル
72	桔梗峠入口	新潟県上越	峠で行き止まり
73	中山峠		
74	小岩峠		峠登山道・小岩トンネル
75	桜坂峠		
76	梨ノ木峠		峠より道幅減少
77	朝日峠		
78	牧野峠		
79	儀明峠		儀明峠トンネル
80	星峠		
81	峠		木和田原棚田
82	小豆峠		
83	峠トンネル		峠トンネル
84	鼻毛峠		
85	経塚峠		（経塚峰：地理院標記）
86	薬師峠		

群馬県〈44峠〉

NO	峠名	エリア区分	特記
1	碓氷峠	群馬県軽井沢	国道記念碑・中央分水嶺・群馬県境
2	入山峠		新旧合流・群馬県境・中央分水嶺
3	和美峠		群馬県境・中央分水嶺
4	内山峠		内山隧道・長野県境・中央分水嶺・中央構造線
5	田口峠		田口峠第一隧道・中央分水嶺
6	塩沢峠		中央構造線
7	投石峠		御荷鉾林道
8	秋葉峠		
9	古峠		県道71脇
10	温石峠		登山道
11	雉子ケ尾峠		御岳山
12	杉ノ木峠		
13	道祖神峠		ルーデンスCC（さつき）
14	松風峠	群馬県高崎	金山城公園
15	牛石峠	群馬県前橋	
16	籾山峠		桐生市南公園
17	白葉峠		栃木県境・柏崎千葉構造線
18	石神峠	群馬県沼田	
19	中牛首峠		
20	椎坂峠		椎坂白沢トンネル
21	背嶺峠		背嶺トンネル・国土地理院標記なし
22	宇条田峠		
23	坤六峠	群馬県尾瀬	
24	鳩待峠		津奈木ゲート規制
25	富士見峠		中央分水嶺
26	権現峠	群馬県草津	峠の碑・バス停・柏崎千葉構造線
27	中山峠		三周街道記念碑
28	赤根峠		赤根隧道・柏崎千葉構造線
29	金比羅峠		峠案内表示
30	大道峠		峠の碑
31	わらび峠		未舗装・峠案内表示
32	暮坂峠		牧水詩碑・峠の碑・日本百名峠
33	二度上峠	群馬県伊香保	
34	地蔵峠		東地蔵峠林道合流
35	須賀尾峠		
36	栗平峠		
37	風戸峠		
38	富士見峠		霞山カントリー倶楽部脇
39	ヤセオネ峠		二ツ岳麓
40	天神峠		
41	杖の神峠		標示・掃部ケ岳登山口
42	松之沢峠		
43	中山峠		三国街道・上越新幹線
44	旧碓氷峠		熊野神社・群馬県境・日本百名峠

新潟県〈111峠〉

NO	峠名	エリア区分	特記
1	大日峠	新潟県鼠ケ関	
2	堀切峠		山形県境
3	小俣峠		
4	雨坂峠		新発田・小出構造線
5	蒲萄峠	新潟県村上	蒲萄トンネル
6	才ノ神峠		奥三面ダム・新発田・小出構造線
7	蕨峠		あさひ湖上流・山形県境
8	桃川峠	新潟県小国	新発田・小出構造線
9	梨ノ木峠		新発田・小出構造線
10	大桜峠		
11	箱岩峠		
12	朴ノ木峠		健康の森横根内
13	田沢頭峠		
14	子持峠		子持トンネル
15	極楽峠		
16	樽口峠		
17	茅峠	新潟県新潟	阿賀高原GC入口
18	仏路峠		
19	五ケ峠	新潟県西川	五福トンネル
20	石瀬峠		弥彦山スカイライン：二輪通行禁止

僕がまわった峠リスト　関東甲信越エリア

長野県〈156峠〉

NO	峠名	エリア区分	特記
39	室賀峠	長野県大町	室賀峠史跡公園
40	四十八曲峠		坂上トンネル尾根稜線上
41	一本松峠		長野道一本松トンネル上部
42	猿ケ馬峠		聖湖
43	三和峠		四差路
44	聖峠		聖峠突き当り脇
45	宮坂峠		
46	鳥坂峠		
47	檜峠	長野県上高地	
48	トヤ峠		
49	駒鼻峠		国見山
50	山吹峠		
51	東峠	長野県松本	
52	和田峠		和田峠、新和田トンネル・中央分水嶺
53	扉峠		駐車場・松本和田線・中央構造線
54	武石峠		茶屋跡・中央構造線
55	三才山峠		三才山トンネル有料道路上部
56	保福寺峠		
57	豆石峠		国土地理院標記なし
58	笠取峠	長野県小諸	中央構造線
59	平井寺峠		登山道・平井寺トンネル有料道
60	鳥屋峠		走破不可能(荒れ道)
61	所沢峠		管理者：武川村
62	砂原峠		「塩田の鎌倉道」の道筋
63	余地峠		余地ダム・中央分水嶺
64	牛首峠	長野県諏訪	
65	鳥居峠		鳥居・新鳥居トンネル・ヨ本百名峠
66	松尾峠		
67	芝平峠		四差路
68	金沢峠		三叉路・千代田湖
69	杖突峠		中央構造線・日本百名峠
70	有賀峠		
71	南峠		真志野峠脇／御嶽社　習焼神社摂社
72	小野峠		尾根・しだれ栗森林公園
73	勝弦峠		(中央線：塩嶺トンネル)
74	塩尻峠		中央分水嶺・糸魚川静岡構造線
75	善知鳥峠		中央分水嶺
76	親沢峠	長野県八ヶ岳	
77	よしんだ峠		通行不可能：佐久・北相側
78	大芝峠		小沢志なの入トンネル
79	平沢峠		
80	大門峠		大門峠交差点・中央分水嶺・日本百名峠
81	大河原峠		駐車場・林道大河原線・中央分水嶺
82	すずらん峠		上下線・中央分水嶺
83	麦草峠		麦草峠ヒュッテ前・中央分水嶺
84	馬越峠		峠碑
85	大蔵峠		小海線
86	信州峠		山梨県境・中央分水嶺
87	寺坂峠	長野県乗鞍高原	奈川野麦高根線
88	鳥屋峠		
89	岳見峠		
90	濁河峠		
91	柳蘭峠		県道435：御岳山朝日線・標記なし
92	長峰峠		茶屋・岐阜県境
93	九蔵峠		
94	月夜沢峠		峠の手前崩落・村指定風俗文化財
95	境峠		木曽川の源流ふるさと木祖村・分水嶺
96	白樺峠		白樺峠通行止
97	姥神峠	長野県駒ヶ根	峠廃道・姥神トンネル・中央分水嶺
98	権兵衛峠		権兵衛トンネル・林道経ケ岳線・中央分水嶺
99	分抗峠		ゼロ磁場パワースポット・中央構造線
100	中沢峠		三叉路・中央構造線
101	二越峠		
102	女沢峠		
103	新山峠		
104	火山峠		

新潟県〈11峠〉

NO	峠名	エリア区分	特記
87	花立峠	新潟県糸魚川	花立峠通行困難
88	太末峠		
89	火打峠	新潟県越後湯沢	火打8号雪覆道
90	二居峠		二居トンネル
91	芝原峠		芝原トンネル・柏崎・千葉構造線
92	十二峠		峠登山道・十二峠トンネル
93	鷹が峰峠		林道経由登山道
94	荒沢峠		西戸屋山麓・自然運動公園
95	大沢峠		大沢山トンネル・上越国際スキー場
96	大峰峠	新潟県妙高	
97	葛葉峠碑		大所トンネル・峠碑・糸魚川・静岡構造線
98	湯峠		小谷温泉
99	乙見山峠		乙見山峠隧道・新潟県境
100	関見峠		関見隧道
101	黒姫越	新潟県両津	黒姫越
102	大倉越		大倉林道通行止・新潟大学演習林
103	小仏峠		小仏峠ゲート通行止(積雪)青野峠林道
104	笠取峠		西五十里道・佐渡金銀山古道案内図
105	青野峠		青野峠地蔵
106	四十八カ所越	新潟県小木	森林基幹道小佐渡2号線(終点)
107	清水寺越		積雪の為通行不能
108	小倉峠		女神山トンネル・国土地理院標記なし
109	ソリバ峠		NTT電波塔有り
110	川茂峠		川茂峠碑・国土地理院標記なし
111	梨ノ木越		佐渡百選：梨の木地蔵

長野県〈156峠〉

NO	峠名	エリア区分	特記
1	万坂峠	長野県飯山	新潟県境
2	平丸峠		桂池
3	関田峠		関口トンネル・新潟県境・日本百名峠
4	牧峠		信越案内板・新潟県境
5	伏野峠		新潟県境
6	野々海峠		新潟県境・国土地理院標記なし
7	深坂峠		峠碑・新潟県境
8	火篭木峠		野沢温泉スキー場
9	白坂峠	長野県長野	白坂峠
10	坂中峠		坂中トンネル
11	大熊峠		
12	箱山峠		箱山トンネル
13	菅峠		
14	万座峠		群馬県境
15	笠ヶ岳峠		笠ヶ岳峠茶屋・国土地理院標記なし
16	峠	長野県白馬	美麻トンネル
17	地蔵峠		陣馬平山
18	大望峠		駐車場
19	白沢峠		白沢洞門
20	新地蔵峠	長野県上田	モータースポーツランド信州・市境
21	車坂峠		スキー場・群馬県境・中央分水嶺
22	地蔵峠		牧場・群馬県境・中央分水嶺
23	鳥居峠		群馬県境・中央分水嶺
24	乗越峠	長野県大町	鷹狩山山麓
25	四人峠		糸魚川・静岡構造線
26	八代峠		
27	田ノ入峠		大穴山
28	横尾峠		岩殿山
29	観音峠		糸魚川・静岡構造線
30	五本峠		
31	立峠		立峠登山道入口石畳
32	花川原峠		虚空蔵山麓
33	風越峠		風越峠隧道・風越峠トンネル
34	中峠		朝日農村公園
35	地蔵峠		会吉トンネル
36	青木峠		明通トンネル
37	空峠		丸山
38	修那羅峠		修那羅大仏入口・日本百名峠

長野県〈156峠〉

NO	峠名	エリア区分	特記
105	八久保峠	長野県木曽福島	
106	合戸峠		峠手前100mに待機
107	才児峠		
108	北沢峠		北沢峠下流閉鎖(小川殿林道)
109	真弓峠		真弓峠林道閉鎖(王滝川橋)岐阜県境
110	白巣峠		岐阜側ゲート有・岐阜県境
111	鞍掛峠		岐阜県境
112	賽の神峠	長野県中津川	賽の神隧道・賽の神トンネル
113	越道峠		
114	大多尾峠		
115	かかりき峠		
116	切越峠		
117	遠ケ根峠		
118	ちんの峠		鎮野峠
119	川上峠		城ケ根山稜線上・岐阜県境
120	清内路峠		清内路隧道・清内路トンネル
121	峠		峠碑
122	与川峠		
123	大平峠		(木曽峠)大平隧道・木曽見茶屋
124	飯田峠		
125	横川峠		
126	地蔵峠	長野県飯田	中央構造線
127	折草峠		
128	木ノ実峠	長野県恵那	木ノ実トンネル
129	大桑峠		愛知県境
130	赤坂峠		スキー場

長野県〈156峠〉

NO	峠名	エリア区分	特記
131	ヤハズ峠	長野県恵那	
132	平谷峠		
133	長島峠		
134	売木峠		売木トンネル
135	五座小屋峠		
136	治部坂峠		スノーシェード
137	寒原峠		
138	極楽峠		
139	杣路峠		愛知県境脇
140	さいの神峠	長野県稲武	
141	笹暮峠		
142	面ノ木峠		茶臼山高原道路合流点
143	折元峠		茶臼山高原道路・折元IC
144	売木峠		
145	新野峠		愛知県境
146	宝地峠		
147	霧石峠		
148	キビウ峠		
149	分地峠		
150	榑下峠		
151	小田峠		
152	太和金峠		太和金・新和金トンネル
153	望月峠		御園トンネル
154	与良木峠		与良木隧道
155	仏坂峠		仏坂トンネル・四谷千枚田
156	柴石峠		

—中部・関西エリア—

石川県〈39峠〉

NO	峠名	エリア区分	特記
1	大谷峠	石川県珠洲	大谷トンネル
2	馬緤峠		
3	八太郎峠		
4	宇加塚峠		
5	立ケ谷内峠		多目的交流センター
6	桜峠	石川県輪島	
7	当目越		
8	四辻ノ峠		
9	小坂峠		
10	舟木谷峠		
11	曽山峠		
12	五里峠	石川県七尾	廃牧場横
13	刈越峠		
14	瓶割峠		
15	原山峠	石川県氷見	原山大池・国土地理院標記なし
16	荒山峠		富山県境
17	杓子ケ峠		
18	奥山峠		
19	内山峠	石川県小矢部	富山県境
20	倶利伽羅峠		(猿ケ馬場古戦場)富山県境
21	天田峠		倶利伽羅トンネル上部:富山県境
22	気屋峠		
23	興津峠		
24	梨ノ気峠		富山・石川県境・標記なし
25	鶏坂		宝達山
26	ブナオ峠	石川県金沢	ブナオ峠林道ゲート
27	横谷峠		石川県境
28	夕霧峠		スキー場・避難小屋・富山県境
29	見上峠		医王山スポーツセンター脇・富山県境
30	中ノ峠		三坂トンネル・国土地理院標記なし
31	中ノ峠町		中ノ峠隧道
32	光谷越	石川県白山	光谷越隧道
33	白山峠		白山一里野温泉スキー場・標記なし
34	五百峠	石川県加賀	
35	牛ケ首峠		

石川県〈39峠〉

NO	峠名	エリア区分	特記
36	立杉峠	石川県加賀	大土町県民の森
37	牛ノ谷峠		福井県境
38	風谷峠		刈安山森林自然公園・福井県境
39	大内峠		丸岡・山中温泉トンネル・福井県境

富山県〈16峠〉

NO	峠名	エリア区分	特記
1	三方峰峠	富山県富山	
2	茂住峠	富山県八尾	岐阜県境
3	庵谷峠		庵谷トンネル
4	桧峠		林道大山荒屋敷桧峠線
5	高瀬峠		高瀬峠稜線脇
6	谷折峠		
7	栃折峠		
8	越道峠		越道菅沼側断念
9	山の神峠		山之神隧道・新山の神トンネル
10	栃原峠		八乙女山稜線上
11	越道峠	富山県魚津	小川温泉湯本入口閉鎖(朝日岳登山道路)
12	坂田峠		
13	大平峠		グリーンパーク
14	青木峠	富山県立山	青木峠入口閉鎖
15	大多和峠		
16	裕延峠		国土地理院標記なし

岐阜県〈85峠〉

NO	峠名	エリア区分	特記
1	梅谷越	岐阜県岐阜	梅谷片山トンネル
2	小村峠	岐阜県多治見	
3	柄石峠		明世CC
4	牧峠		
5	内津峠		内津トンネル・愛知県境
6	雨沢峠		愛知県境・国土地理院標記なし
7	坂の峠	岐阜県美濃	
8	平井坂峠		登山道・平井坂トンネル
9	尾並坂峠		
10	下辻越		四差路
11	金坂峠		

岐阜県〈85峠〉

NO	峠名	エリア区分	特記
78	楢峠	岐阜県高山	(国道472重用区間)
79	牛首峠		利賀河合林道通行止・富山県境
80	天生峠		ソウレ山
81	保峠		下小鳥ダム
82	朝川原峠		
83	湯峰峠		湯峰トンネル
84	小鳥峠		小鳥山牧場
85	森茂峠		森茂峠通行止め

福井県〈16峠〉

NO	峠名	エリア区分	特記
1	木の芽峠	福井県敦賀半島	木の芽峠トンネル・城塞群
2	湯尾峠	福井県武生	峠登山道・湯尾隧道
3	高倉峠		岐阜県側OK・岐阜県境
4	温見峠		岐阜県境・中央分水嶺
5	冠山峠		岐阜県境・中央分水嶺
6	海山峠	福井県越前岬	国土地理院標記なし
7	花立峠		峠の碑・県民いこいの森
8	別司峠		別司トンネル
9	近庄峠	福井県福井	峠通行不能・近庄トンネル
10	折立峠		折立峠通行止・峰越林道
11	摺鉢峠碑		
12	関峠	福井県敦賀	小浜線
13	椿隧道		椿トンネル・若狭広域農道
14	倉見峠		
15	馬背峠		峠入口閉鎖・馬背峠トンネル
16	追坂峠		(国道303重用区間)

滋賀県〈38峠〉

NO	峠名	エリア区分	特記
1	北腰越	滋賀県近江八幡	びわ湖よし笛ロード
2	八重谷越		
3	田ノ谷峠		(比叡山ドライブウエイ田ノ谷峠口)
4	途中越		途中トンネル・京都府境
5	花折峠		峠口閉鎖・停留所・花折トンネル
6	花脊峠		
7	杉ノ峠		
8	百井峠		
9	前ケ畑峠		国土地理院標記なし
10	江文峠		金比羅大権現・バス停
11	仰木峠		仰木峠登山口・滋賀県境
12	繋見坂		箕ノ裏ケ岳
13	芹生峠		
14	魚谷峠		
15	石仏峠		石仏峠伐採閉鎖
16	檜峠	滋賀県今津	
17	水坂峠		
18	能見峠		国土地理院標記なし
19	おにゅう峠		碑・国土地理院標記なし
20	梨ノ木峠	滋賀県八日町	
21	桜峠		電波塔入口閉鎖
22	筒井峠		帷喬親王御陵・国土地理院標記なし
23	角井峠		
24	瓜生津峠		警察機動隊ヘリポート前
25	南腰越		安土町総合支所
26	川原越		川原越ゲート通行止・岐阜県境
27	二之瀬越		岐阜県境
28	鞍掛峠		鞍掛トンネル・滋賀県境・中央分水嶺
29	石榑峠		石榑トンネル・滋賀県境・中央分水嶺
30	摺針峠	滋賀県彦根	日本百名峠
31	岩手峠		
32	七廻り峠		
33	品又峠	滋賀県木之本	揖斐高原
34	新穂峠		新穂峠倒木断念・滋賀県境
35	鳥越峠		鳥越峠積雪断念・滋賀県境
36	ホハレ峠		ホハレ峠林道入口断念
37	八草峠		八草トンネル・岐阜県境
38	椿坂峠		椿坂トンネル

岐阜県〈85峠〉

NO	峠名	エリア区分	特記
12	鹿穴峠	岐阜県美濃	
13	杉坂峠		
14	地蔵峠	岐阜県金山	
15	鯉下峠		
16	名越峠		
17	前坂峠		峠の先行き止まり
18	福地峠		
19	赤河峠		
20	中野方峠		
21	胡摩草峠		
22	大野峠		(無反峠)
23	野多押峠		
24	火打峠		
25	桜峠		
26	蛭川峠		
27	見坂峠		
28	北条峠		
29	間見峠		
30	少合峠		
31	氏子峠		氏子林道開通記念碑
32	長洞峠		
33	放生峠		
34	小峠		奥山厚波林道開通記念碑
35	鹿倉峠		
36	堀越峠		堀越峠顕彰碑
37	大峠		羽佐古トンネル
38	河内峠		伝承林「明治の森」
39	馬越峠		
40	横平峠	岐阜県白鳥	
41	油坂峠		福井県境・中央分水嶺
42	猫峠		林道猫峠線
43	伊勢峠		伊勢峠法面崩壊
44	笹峠	岐阜県下呂	
45	松坂峠		
46	久野川峠		
47	竹原峠		
48	舞台峠		
49	坂本峠		坂本峠トンネル・林道ゲート
50	小川峠		
51	東俣峠		
52	柿崎峠		馬瀬美輝の里より可能
53	深谷峠		深谷峠通行不能
54	蓮坂峠		蓮坂峠林道碑
55	馬瀬峠		登山道・馬瀬トンネル
56	気良峠		
57	伊妙峠		
58	大洞峠		大洞峠通行止・白山信仰奥の宮
59	桧峠	岐阜県ひるがの高原	スノーウエーブパーク白鳥高原
60	蛭ケ野峠		分水嶺公園・国土地理院標記なし
61	谷峠		谷トンネル・峠電話ボックス
62	護摩堂峠		護摩堂峠林道通行止
63	鈴蘭峠	岐阜県久々野	三叉路
64	位山峠		位山「高天原」
65	苅安峠		モンデウス飛騨位山
66	宮峠		宮トンネル・中央分水嶺
67	美女峠		美女高原・中央分水嶺
68	松之木峠		東海北陸道松ノ木峠PA
69	軽岡峠		新軽岡峠・軽岡トンネル
70	乗越峠		通行止・尾根一ノ谷入口
71	西ウレ峠		高山清見線・中央分水嶺
72	山中峠		明宝スキー場上部・中央分水嶺
73	寿美峠	岐阜県高山	
74	恵比須峠		恵比須トンネル
75	大坂峠		
76	牛形峠		牛形道路開通記念碑
77	袖峠		

京都府〈108峠〉

NO	峠名	エリア区分	特記
1	横嶺峠	京都府京都	醍醐山尾根上三差路
2	長坂峠		日清都CC醍醐コース2番ホール脇尾根
3	禅定寺峠		禅定寺工業団地奥
4	犬打峠		
5	毅池峠		
6	裏白峠		峠新道:旧道が平行・滋賀県境
8	桜峠		
9	関津峠		関津峠脇碑
10	小峠		
11	桜峠		記念碑・阿山界・三重県境
12	今峠		
13	アセボ峠		
14	小野峠		
15	洞ケ峠	京都府高槻	大阪府境・日本百名峠
16	老ノ坂峠		老ノ坂隧道・新老ノ坂トンネル
17	浮峠		
18	坂井峠		
19	猪ノ子峠		
20	明月峠		名月峠とも表記
21	逢坂峠		
22	暮坂峠		
23	堀越峠		
24	仏坂峠		
25	大槌峠		大土峠とも表記
26	野間峠		野間隧道
27	狩待峠		京都府境
28	多留見峠		
29	清阪峠		京都府境
30	桜峠		石田梅岩心学の道碑
31	地獄谷峠		Y字路
32	持越峠	京都府園部	
33	笠峠		笠峠旧道口閉鎖・笠トンネル
34	栗尾峠		
35	狭間峠		
36	井戸峠		
37	御経坂峠		
38	試峠		嵐山高雄パークウェイ
39	六丁峠		嵐山高雄パークウェイ
40	神楽坂		神楽坂トンネル
41	原峠		
42	海老坂峠		海老坂・鏡
43	鏡峠		
44	知谷峠		知谷・ソトバ他
45	茶呑峠		
46	縁坂峠		
47	松尾峠		
48	唐櫃越		唐櫃越ゲート閉鎖林道
49	渋坂峠		渋坂峠閉鎖
50	紅葉峠		
51	貞任峠		貞任峠林道閉鎖
52	持越峠		
53	観音峠		
54	中山峠		
55	天引峠		天引トンネル・兵庫県境
56	原山峠		兵庫県境
57	板坂峠		峠閉鎖・板坂トンネル・兵庫県境
58	榎峠		みずほトンネル・Y字路
59	天王峠		天王第2トンネル
60	はらがたわ峠		はらがたわトンネル
61	真壁峠	京都府福知山	
62	念仏峠		国土地理院標記なし
63	滝尻峠		
64	与謝峠		与謝トンネル
65	塩津峠		兵庫県境
66	長宮峠		
67	質山峠		質山峠閉鎖・須知山トンネル

愛知県〈8峠〉

NO	峠名	エリア区分	特記
1	杣坂峠	愛知県岡崎	
2	萩坂峠		覚道地蔵尊
3	国坂峠		蒲郡環状線(三河スカイライン)
4	星越峠		星越峠碑
5	坂野峠		蒲郡環状線(三河スカイライン)
6	石塚峠		
7	三ケ峯峠	愛知県豊田	三ケ峯台団地
8	戸越峠		

三重県〈52峠〉

NO	峠名	エリア区分	特記
1	蝙蝠峠	三重県亀山	
2	笹尾峠		西瀬音団地上部
3	鎌掛峠		猪の鼻ガ岳
4	平子峠		
5	武平峠		武平トンネル・滋賀県境・中央分水嶺
6	青山峠	三重県津	青山トンネル・青山高原・中央分水嶺
7	長野峠		長野隧道・新長野トンネル・日本峠百選
8	矢頭峠		矢頭トンネル・矢頭林道
9	布引峠		
10	桜峠		四差路・中央構造線
11	岩坂峠	三重県伊勢	岩坂東トンネル・国土地理院標記:岩坂
12	鍛冶屋峠		鍛冶屋トンネル
13	鴻坂峠		鴻坂峠
14	五知峠		御食つ国志摩“グルッと”マップ
15	桜峠	三重県飯高	桜峠
16	根木峠		国土地理院標記なし
17	細野峠		
18	堀坂峠		堀坂山トレッキングコース案内表示
19	白口峠		
20	清水峠		
21	逢坂峠		
22	比津峠		霧山城跡入口
23	杉峠		杉トンネル
24	飼坂峠		登山道・飼坂トンネル:近畿自然歩道表示
25	牛峠		Y字路
26	桜峠		
27	藤越		
28	七保峠		
29	湯谷峠		湯谷トンネル
30	加杖坂峠		加杖坂トンネル・三叉路
31	野見坂	三重県志摩	能見坂:新野見坂:能見坂南トンネル
32	三浦峠		
33	水無峠	三重県紀伊長島	
34	水越峠		路肩崩壊の為全面通行止め
35	千尋峠		路肩崩壊の為全面通行止め
36	菅ノ峠		
37	水呑峠		峠手前崩落通行止・水呑トンネル
38	一石峠		峠ゲート閉鎖・一石トンネル
39	平方峠		
40	島地峠		赤羽トンネル
41	千石越		千石越松坂側崩落
42	錦峠		峠路面荒れ断念・錦望トンネル
43	棚橋峠		
44	古和峠		
45	小方峠		小方トンネル
46	藤坂峠		
47	大吹峠	三重県尾鷲	大吹峠入口公園・波田須〜大吹峠コース
48	二木島峠		熊野古道
49	逢神坂峠		熊野古道
50	三木峠道		三木峠道口600m案内
51	矢ノ川峠		矢ノ川峠旧道林道断念
52	馬越峠		馬越峠口(尾鷲トンネル上部)

奈良県〈46峠〉

NO	峠名	エリア区分	特記
24	小峠	奈良県橿原	
25	女寄峠		女寄トンネル
26	西峠		
27	香酔峠		
28	椿井峠		国土地理院標記なし
29	栂坂峠		栂坂トンネル・石楠花トンネル
30	染谷峠		国土地理院標記なし
31	一谷峠		
32	入野峠		入野隧道
33	東の川越		
34	白屋越		
35	地蔵越		
36	笠木峠	奈良県大台ヶ原	峠斜面崩落・笠木:新笠木トンネル
37	切抜峠		川合隧道・新川合トンネル
38	虻峠		虻トンネル
39	小南峠		小南峠隧道
40	矢ハズ峠		
41	天辻峠		天辻隧道・新天辻隧道
42	出屋敷峠		和歌山県境
43	伯母峰峠		大台口隧道・旧閉塞・新伯母峯トンネル
44	河合峠		河合峠大荒れ・河合トンネル
45	音枝峠	奈良県熊野	音枝トンネル
46	不動峠		不動トンネル

大阪府〈15峠〉

NO	峠名	エリア区分	特記
1	清滝峠	大阪府大阪	清滝第一／二トンネル上部
2	鳴川峠		奈良県境
3	立石越		立石越生駒パーキング
4	梻峠		矢田丘丘陵(帝塚山大学)
5	田尻峠	大阪府岸和田	
6	穴虫峠		大阪府境
7	岩屋峠		岩屋峠遊歩道・大阪府境
8	竹内峠		大阪府境・日本百名峠
9	水越峠		水越トンネル・大阪府境
10	荒坂峠		奈良CC入口
11	十字峠		十字峠ゲート閉鎖
12	伏見峠		ちはや園地案内図・奈良県境
13	鍋谷峠		鍋谷トンネル建設中・中央構造線
14	蔵王峠		葛城蔵王権現社・和歌山県境
15	紀見峠		紀見隧道・大阪府境・中央分水嶺・中央構造線

兵庫県〈84峠〉

NO	峠名	エリア区分	特記
1	ヒヤリ峠	兵庫県洲本	
2	大塔峠		
3	岩見坂	兵庫県加古川	
4	小笠峠	兵庫県神戸	
5	能笹峠		
6	六甲越		
7	杣谷峠		杣谷峠表示
8	古々山峠		神鉄大池駅側
9	岩谷峠		
10	笠松峠		関西国際大学側
11	木見峠		神戸淡路鳴門自動車道脇
12	乗越峠		
13	鴨越		山麓バイパス・高尾山
14	小部峠		交差点
15	分水嶺越		閉鎖・二輪車通行禁止
16	二本峠	兵庫県相生	
17	椿峠		
18	山伏峠		祠・案内図・岡山県境
19	鯰峠		赤穂国際CC
20	船坂峠		船坂山隧道・岡山県境・日本百名峠
21	兵部峠		路面大荒れ走破断念
22	才ノ峠		
23	莇原峠		
24	卯ノ山峠		

京都府〈108峠〉

NO	峠名	エリア区分	特記
68	登尾峠	京都府福知山	稜線まで登山道
69	遠阪峠		北近畿豊岡道:遠阪トンネル
70	榎峠		兵庫県境
71	千原峠		ゆずりトンネル
72	穴裏峠		穴の浦隧道・兵庫県境
73	登尾峠		登尾峠閉鎖・兵庫県境
74	神懸峠		兵庫県境
75	薬王寺峠		
76	小坂峠		兵庫県境
77	天谷峠		兵庫県境
78	白鳥峠	京都府舞鶴	白鳥トンネル
79	菅坂峠		菅坂南トンネル
80	福谷坂峠		福谷第一:二トンネル
81	石山坂峠		石山坂トンネル・国土地理院標記なし
82	堀越峠		堀越トンネル・福井県境・日本百名峠
83	五波峠		福井県境
84	男鹿峠		
85	コシキ峠		鴨瀬芦谷山
86	深見峠		深見トンネル・国土地理院標記なし
87	大簾峠		大簾峠困難
88	七谷峠		七谷峠困難
89	草尾峠		草尾峠困難
90	奥山峠		国土地理院標記なし
91	板戸峠	京都府宮津	
92	普甲峠		大江山スキー場
93	中ノ峠		中ノ峠登山口
94	香河峠		
95	地蔵峠		地蔵トンネル
96	須津峠		宮津トンネル
97	大内峠		一字観公園
98	滝峠		兵庫県境
99	加悦奥峠		兵庫県境・国土地理院標記なし
100	岩屋峠		スノーシェード・兵庫県境
101	尉ケ畑峠		たんたんトンネル・兵庫県境
102	比治山峠		比治山隧道・比治山トンネル
103	碇峠	京都府丹後半島	碇高原・総合牧場
104	峠		峠バス停
105	三浜峠	京都府高浜	碑
106	塩汲峠		福井県境
107	吉坂峠		青葉隧道・京都府境
108	勢峠		勢浜トンネル

奈良県〈46峠〉

NO	峠名	エリア区分	特記
1	松本峠	奈良県熊野	松本峠下鬼ケ城歩道隧道
2	評議峠		
3	小阪峠		小阪トンネル(国道42)
4	八丁峠		峠登山道・八丁坂トンネル
5	桜峠	奈良県奈良	天神社
6	木屋峠		
7	水間峠		水間トンネル
8	石切峠		(奈良奥山ドライブウェーへ)
9	鉢伏峠		(春日宮天皇陵側)
10	一台峠		
11	桜峠		(名阪国道脇)国道25
12	笠間峠		三重県境
13	大口峠	奈良県橿原	
14	宇野峠		
15	堺峠		
16	樺の木峠		樺の木峠御社
17	芦原峠		芦原:新芦原トンネル
18	壺阪峠		
19	芋ケ峠		中央構造線・日本百名峠
20	小島峠		中央構造線
21	大峠		宮奥ダム
22	佐倉峠		佐倉峠地蔵・中央構造線
23	関戸峠		

和歌山県〈110峠〉

NO	峠名	エリア区分	特記
5	富田坂	和歌山県すさみ	閉鎖
6	庄川越		庄川越ゲート
7	夫婦松峠	和歌山県潮岬	
8	地蔵峠		
9	六郎峠		
10	笹峠	和歌山県印南	南山スポース公園脇
11	柿木峠		紀伊本線新柿ノ木トンネル上部
12	才ノ川峠		
13	大峠		大峠隧道・新大峠トンネル
14	深山峠		
15	舞が辻峠		
16	四の辻峠		三叉路
17	榎木峠		中山王子神社
18	木道峠	和歌山県田辺	
19	虎ケ峰峠		虎ケ峰トンネル
20	捩木峠		熊野古道
21	射森峠		射森峠社
22	地蔵峠		地蔵峠社
23	黒ノ峠		
24	黒野峠		
25	板立峠		百間山渓谷側通行止・入道山崩落
26	箸折峠		
27	小原峠		国土地理院標記なし
28	小広峠		小広トンネル
29	四辻峠		三日森山脇
30	椿尾峠		三日森山脇登山道
31	三越峠		通行止
32	切目辻		切目辻隧道
33	西又峠		西又トンネル
34	大楠峠		
35	左田峠		
36	受領峠		
37	小野坂峠		
38	灰坂峠		
39	札立峠	和歌山県新宮	札立トンネル
40	坂ノ峠		
41	風伝峠		風伝トンネル
42	山在峠		
43	吹越峠		
44	小雲取越		
45	大雲取越		大雲取越道標
46	舟見峠		熊野参詣道中辺路
47	拝ノ峠	和歌山県有田	「捩木の杉」
48	ハブセ峠		
49	長谷越		
50	釜中越		有田東急GC脇
51	白髭峠		海南高原CC長峰コース脇
52	尾岩坂		尾岩坂隧道
53	蟷螂峠		かまきりトンネル
54	不動峠		
55	佛の串峠		
56	室川峠		峠廃道・室川トンネル
57	水越峠		水越峠通行止・水越隧道
58	柏峠		
59	小浦峠		
60	小坂峠		
61	四坊谷越	和歌山県龍神	
62	祇園越		
63	笹ノ茶屋峠		和歌山県境
64	箕峠		和歌山県境・日本百名峠
65	大月峠		
66	久保の峠		
67	鍵原峠		
68	権現峠		傾斜住宅地内狭道
69	引牛越		奈良県境
70	蟻ノ越		奈良県境

兵庫県〈84峠〉

NO	峠名	エリア区分	特記
25	佐用坂	兵庫県相生	佐用峠
26	遠坂	兵庫県姫路	
27	釜坂峠		
28	暮坂峠		
29	清水峠		ウエルサンピア姫路側
30	大堤峠		
31	安志峠		中国自動車道脇
32	大坂峠	兵庫県三田	
33	猪ノ倉峠		
34	切詰峠		
35	琴引峠		
36	小野峠		
37	日出坂峠		
38	三本峠		兵庫陶芸美術館脇
39	梅木峠		
40	赤松峠		病院裏手
41	カタ越峠		有馬街道・有馬温泉内
42	青垣峠	兵庫県生野	
43	生野北峠		
44	生野峠		
45	千町峠		千町峠途中断念
46	富山越		
47	高野峠		
48	坂の辻峠		
49	高坂峠		高坂トンネル
50	舟坂峠		船坂トンネル・基幹林道笠形線
51	播州峠	兵庫県篠山	播州トンネル・電波塔
52	小野尻峠		小野尻隧道・小野尻トンネル
53	弓谷峠		京都府境
54	藤坂峠		
55	三郡峠		京都府境
56	三春峠		京都府境
57	栗柄峠		
58	鼓峠		
59	古坂峠		東城トンネル
60	西峠		
61	カカナベ峠	兵庫県和田山	
62	八代峠		八代峠崩壊・八代坂トンネル
63	伊由峠		伊由峠トンネル
64	藤和峠		
65	宝珠峠		ゴルフ場
66	鯵山峠		
67	戸倉峠		戸倉隧道・新戸倉トンネル・鳥取県境
68	若杉峠		若杉高原
69	加保坂		
70	八井谷峠		但馬トンネル
71	大野峠		
72	小代越		ハチ高原スキー場上部・積雪断念
73	野間峠		積雪断念
74	笠波峠		
75	金山峠		高原耀山牧場・蘇武岳登山口
76	一二峠		
77	河梨峠	兵庫県豊岡	河梨トンネル・京都府境
78	三原峠		京都府境
79	飯谷峠		
80	鋳物師戻		峠登山道・鋳物師戻トンネル
81	番屋峠		
82	春来峠		春来トンネル
83	桃観峠		桃観トンネル・新桃観トンネル
84	船越峠		船越トンネル

和歌山県〈110峠〉

NO	峠名	エリア区分	特記
1	コカシ峠	和歌山県すさみ	三叉路
2	獅子目峠		獅子目隧道:峠車は無理
3	香ノ塔峠		気味の悪い峠
4	安辻松峠		安辻松峠閉鎖

和歌山県〈110峠〉

NO	峠名	エリア区分	特記
71	牛廻越	和歌山県龍神	牛廻越工事表示
72	三浦峠		
73	大川峠	和歌山県和歌山	大川トンネル・峠入口ゲート閉鎖
74	猿坂峠		大阪府境・中央構造線
75	木ノ本峠		大阪府境
76	孝子峠		大阪府境・中央分水嶺・中央構造線
77	雄ノ山峠		大阪府境・中央分水嶺・中央構造線
78	菩提峠		三叉路交差点・愛宕山
79	土仏峠		中央構造線
80	中畑峠		国土地理院標記なし
81	志野峠		通行不能
82	松峠		通行不能
83	矢田峠		矢田峠隧道
84	小池峠		小池脇
85	馬路峠		
86	梨木峠		
87	愛宕峠		紀の国CC脇
88	梨木峠	和歌山県橋本	
89	桜峠		
90	天狗木峠		奈良県境

和歌山県〈110峠〉

NO	峠名	エリア区分	特記
91	薄峠	和歌山県橋本	
92	梨子ノ峠		地図表示なし
93	市峠		
94	麻生津峠		
95	庄前峠		営農飲雑用水施設
96	勝神峠		紀見CCグリーンキーパー管理施設
97	楠木峠		鷹ノ巣
98	松尾峠		
99	滝谷峠		
100	黒川峠		
101	日待峠		
102	タスキ峠		
103	鳥居峠		鳥居峠バス停
104	福井峠		
105	飯盛峠		
106	札立峠		日本百名峠
107	手拝峠		
108	白桃峠		
109	地蔵峠		花園美里トンネル上部
110	内ノ峠		

―中国エリア―

岡山県〈122峠〉

NO	峠名	エリア区分	特記
1	蛸村峠	岡山県福山	
2	島ノ江峠		島ノ江峠御嶽山
3	勘定峠		
4	山王峠		
5	中間峠	岡山県高松	
6	白坂峠碑		峠碑
7	戸立峠		
8	間瀬峠		金剛像・地元猟友会遭遇
9	鳥打峠		峠案内図
10	尾坂峠		尾坂トンネル・峠碑
11	賽峠		道の駅
12	才の峠		
13	王子峠		日本三大権現側
14	上峠		日本三大権現側
15	地蔵峠		日本三大権現側
16	板尾峠		板尾峠案内図
17	安明寺峠	岡山県井原	真備総合公園側
18	立坂峠		峠碑（建坂峠）
19	槇が峠		
20	新本峠		新本峠碑
21	仏ケ峠		
22	蟻ケ峠		
23	笹ケ峠		
24	槙ケ峠		
25	梨ノ木峠		
26	羽賀峠		
27	勘定峠		勘定峠社
28	竹障子峠		
29	桜が峠		
30	地蔵峠		地蔵峠岡山天文台
31	藤ケ峠		藤ケ峠トンネル
32	杉峠		
33	東谷越	岡山県倉敷	東谷越廃道
34	大内峠		
35	小峠越		道路狭小断念室山神社
36	才ノ嵶		才ノ嵶
37	新池峠		新池峠表示
38	畑山峠		
39	長谷峠		
40	西塔坂峠		東塔坂峠登山道
41	六道峠		六道峠廃道

岡山県〈122峠〉

NO	峠名	エリア区分	特記
42	間瀬峠	岡山県倉敷	
43	辛香峠		峠廃道化・辛香隧道
44	尾坂峠		
45	弟坂	岡山県赤穂	
46	兄坂		
47	余気寺越		
48	帆坂峠		兵庫県境
49	鳥打峠		
50	福浦峠		兵庫県境
51	寒河峠		
52	傍示ケ峠		新道・旧道
53	伊部越え		
54	伊坂峠		峠法面工事中通行止
55	長谷越		長谷越通行止
56	八反峠		
57	才ノ峠		
58	小松ケ峠		
59	真似男ケ峠	岡山県新見	
60	多和山峠		多和山トンネル
61	栃峠		
62	西峠		
63	青木峠		
64	虫原峠		峠積雪中止・広島県境
65	勝尾峠	岡山県建部	
66	山の神峠		山の神峠案内図
67	鳥越峠		
68	兵坂峠		
69	馬橋峠		
70	熊見峠		熊見トンネル
71	伊田乢		
72	野間峠		
73	刈田越		
74	佐伯峠		Y字路
75	大成峠		
76	菊ケ峠		
77	休乢		休乢トンネル
78	三飛峠		
79	笹目峠		
80	五輪峠	岡山県新庄	
81	槙ケ峠		廃道
82	矢倉峠		矢倉トンネル建設中

島根県〈102峠〉

NO	峠名	エリア区分	特記
1	法田峠	島根県松江	中国自然歩道
2	諸喰峠		
3	長浜越		
4	高田尾峠		
5	武部峠	島根県出雲	
6	三津峠		三津トンネル
7	鷲峠		
8	才ノ峠	島根県安来	
9	川井峠		
10	八頭峠		
11	槇ケ峠		槇ケ峠通行止
12	永江峠	島根県大田	
13	押ケ峠		
14	獺越		新道・旧道並行
15	枅ケ峠		旧道通行止め
16	草峠		
17	梅ケ峠		
18	一升ケ峠		
19	陣ケ峠		陣ケ峠隧道
20	久比須峠	島根県仁多	
21	王居峠		王居峠トンネル
22	大貫峠		広島県境
23	宇月峠		
24	才ノ峠		
25	細越峠		
26	市原峠		
27	大管峠		
28	万才峠		
29	大入峠		大入峠地蔵
30	鍵掛峠		広島県境・国土地理院標記なし
31	竜駒		鳥取県境
32	才ノ峠		
33	大谷峠		
34	万才峠		
35	叶谷峠		
36	俵原越		
37	大峠	島根県浜田	大峠トンネル・国土地理院標記なし
38	大杉峠		大杉峠通行止
39	中道峠		
40	野坂峠		十国トンネル
41	笹ケ峠		笹ケ峠トンネル・国土地理院標記なし
42	休峠		坂本トンネル
43	戸地ケ峠		
44	石浦峠		
45	来尾峠		広島県境
46	鳥越		アサヒテングストンスノーパークスキー場
47	榎峠		
48	井沢峠		
49	地蔵ケ峠		
50	船坂峠		船坂峠大荒不能
51	水越峠		
52	谷峠		
53	大利峠		スノーシェルター・中国自然歩道
54	一本木峠	島根県三次	一本木峠通行止
55	南雨峠		
56	堀越		
57	風越		
58	しんぎょう峠		
59	仏が峠		桧高牧場
60	才ノ峠		
61	大峠		
62	橋ケ峠		
63	才ノ峠		
64	荷〆峠		
65	水越峠		
66	戸河内峠		アンテナ塔

岡山県〈122峠〉

NO	峠名	エリア区分	特記
83	明地峠	岡山県新庄	明地トンネル・案内図・鳥取県境
84	市倉峠		
85	桑平峠		中央分水嶺・鳥取県境
86	谷田峠		中央分水嶺
87	槙ケ峠		
88	傍示峠		
89	杉が乢		
90	首切峠		首切トンネル
91	篠ガ乢		篠ガ乢二本杉・六地蔵
92	シデコ峠		
93	坂路峠		
94	四十曲峠		峠廃道化・四十曲トンネル・鳥取県境
95	名坂峠	岡山県津山	
96	上杉越		(植杉越)
97	熊居峠		峠崩落工事・新熊居トンネル
98	大平乢		伯耆街道(大山道)
99	箱乢		
100	笠菅峠		
101	荒坂峠		
102	下茅峠		下茅峠地蔵
103	寺坂峠	岡山県奈義	
104	八重谷峠		
105	切窓峠		
106	白口峠		白口高原碑
107	一ケ乢		山崎町小茅野
108	女乢		千草CC
109	鳥ケ乢		鳥ケ乢トンネル
110	志引峠		兵庫県境
111	奥海乢		
112	コザイ峠		兵庫県境
113	声ケ乢		
114	杉ケ乢		奈義トンネル
115	黒尾峠旧道		峠廃道化・黒尾トンネル・鳥取県境
116	物見峠		鳥取県境・中央分水嶺・日本百名峠
117	大師峠		
118	右手峠		鳥取県境
119	志土坂峠		廃道化・志土坂隧道・志土坂トンネル
120	木地山峠		
121	峰越峠		ちくさ高原・登山口・鳥取県境
122	大通峠		鳥取県境

鳥取県〈21峠〉

NO	峠名	エリア区分	特記
1	清水峠	鳥取県米子	清水寺裏手
2	永江峠		
3	間地峠		間地トンネル
4	野土路乢		峠通行止・野土路トンネル
5	内海乢		(内海峠)
6	鳥居峠		鳥居ケ乢文学碑
7	鍵掛峠		大山眺望・日本百名峠
8	見返峠		岡山県境
9	新小屋峠		
10	地蔵峠		展望駐車場A・B
11	一息坂峠		船上山
12	犬畑峠	鳥取県倉吉	峠手前法面崩落
13	犬狭峠		犬狭トンネル・鳥取県境・分水嶺
14	川上峠		
15	佐谷峠		佐谷峠碑
16	人形峠		人形トンネル・原子力機関・岡山県境
17	辰巳峠		岡山県境
18	大谷峠		峠積雪断念・岡山県境
19	十王峠	鳥取県鳥取	鳥取国府岩美線
20	駟馳山峠		
21	榎峠		峠通行止・榎トンネル

僕がまわった峠リスト 中国エリア

広島県〈76峠〉

NO	峠名	エリア区分	特記
29	己斐峠	広島県廿日市	
30	畑峠		
31	萩原峠		安佐動物公園口
32	幕ノ内峠		幕ノ内トンネル
33	鉾ノ峠		笹ケ丸山脇
34	仏峠		戸山CC上部
35	不明峠		国土地理院標記なし
36	桜ケ峠		
37	七曲峠		
38	明石峠		
39	市峠		明石峠脇・国土地理院標記なし
40	中峠		
41	松ケ峠		悪谷・案内図
42	松の木峠		島根県県境
43	三坂峠		国土地理院標記なし
44	遠坂峠	広島県広島	
45	甲越峠		甲越峠表示
46	船越峠		
47	大峠		熊野黒瀬トンネル
48	小池峠		
49	戸坂峠		
50	笹ケ峠		笹ケ峠通行止
51	今坂峠		峠廃道・今坂トンネル
52	榎ノ山峠		榎ノ山峠旧道
53	三田ケ峠		三叉路
54	鍋土峠		三叉路
55	湯坂峠		
56	水越峠		
57	蚊無峠		蚊無トンネル・案内図
58	戸石峠		松尾城跡表示・案内図
59	寒峠	広島県尾道	
60	幸谷峠		
61	松尾峠	広島県岩国	松尾隧道・松尾トンネル
62	持ケ峠		
63	札ケ峠		
64	善坊師峠		峠手前崩落／逆側廃道化
65	和乱治峠		
66	帆柱峠		
67	笹峠		笹峠通行止(ベニマンサク湖遊歩道)
68	四郎峠		
69	矢野峠	広島県呉	
70	堀越峠		
71	鍋土峠		
72	福連木峠		
73	幸の浦峠		
74	才越峠		
75	宇和木峠		宇和木トンネル
76	槌峠		

山口県〈132峠〉

NO	峠名	エリア区分	特記
1	大刈峠	山口県須佐	大刈トンネル(国道191)
2	大日比峠	山口県長門	
3	黒瀬峠		
4	椎の木峠		
5	黄波戸峠		鉄道：黄波戸トンネル
6	津黄峠		
7	みのが峠		峠廃道・みのが峠トンネル
8	畑峠		四差路
9	才ケ峠	山口県萩	
10	池ケ峠		
11	松本峠		松本峠通行止：黒川川
12	吉田峠		変則五差路
13	高ノ須峠		高ノ須トンネル
14	大森峠		
15	頬白峠		頬白峠通行止
16	一升峠		

島根県〈102峠〉

NO	峠名	エリア区分	特記
67	徳前峠	島根県三次	徳前峠蛙表記
68	栗屋峠		栗屋トンネル
69	犬伏峠		大澤田湿原表示
70	千代国峠		
71	亀谷峠		亀谷峠碑・広島県境
72	笹ノ峠	島根県益田	
73	大峠		大峠トンネル
74	竜雲寺峠		
75	浄蓮寺峠		
76	日ノ峠		
77	板ケ峠		
78	堂ケ峠		
79	大峠		
80	藤が峠		
81	野々峠		
82	笹ケ峠		
83	門松峠		
84	白杭峠		白杭トンネル
85	金ケ峠		
86	傾成峠		
87	仏峠		田万川トンネル
88	桐長峠	島根県津和野	
89	葛ケ峠		
90	上内谷峠		
91	滑峠		
92	仏峠		
93	野道峠		栃山隧道
94	栃山峠		栃山峠不可
95	野坂峠		野坂隧道
96	馬草峠		
97	嘉年坂峠		
98	杉ケ峠		杉ケ峠隧道閉鎖・新昭和トンネル
99	カシノミ峠		
100	鬼ケ峠		
101	野中峠		
102	奥ケ野峠		

広島県〈76峠〉

NO	峠名	エリア区分	特記
1	札か峠	広島県庄原	3道路の景観
2	金尾峠		
3	盤之谷峠		
4	坊地峠		
5	権現峠		三叉路
6	狐峠		
7	松ケ峠		
8	中山峠		
9	栗石峠		栗石トンネル
10	大坪峠	広島県三段峡	大坪峠トンネル
11	椎谷峠		
12	十文字峠		鶉木峠碑
13	水越峠		水越峠通行止
14	餅ノ木峠		三段峡
15	道戦峠		道戦峠旧道
16	先峠		国土地理院標記なし
17	深入峠		いこいの村ひろしまH
18	虫木ノ峠		虫木トンネル
19	傍示峠		大佐スキー場
20	木束峠		
21	鍋滝峠		
22	堀越峠		銅ケ峠トンネル
23	二重谷峠	広島県千代田	
24	時鳥峠		時鳥峠神社口
25	大峠		大峠川上流
26	印内峠		
27	水越峠		中央分水嶺
28	梨峠	広島県府中	

NO	峠名	エリア区分	特記
83	河内峠	山口県鹿野	国土地理院標記なし
84	笹ノ折峠		
85	雲照寺峠		
86	傍示ケ峠		電波塔
87	桑枝峠		
88	米山峠		中国自動車道米山トンネル上部
89	金峰峠		
90	国木垰		
91	虹峠		
92	吉見峠	山口県下関	三叉路
93	深坂峠		深坂自然の森
94	埴生口峠		山陽道脇
95	談合峠		
96	西見峠		
97	湯ノ峠		湯ノ峠駅
98	万国峠		
99	長尾峠	山口県宇部	
100	塩見峠		塩見峠通行止
101	大海峠		
102	湯峠		
103	浮野峠		防府第2トンネル
104	畑峠		
105	牟礼峠		Y字路
106	千切峠		変則T字路
107	小峠		
108	大峰峠	山口県周南	交差点・案内図
109	大城峠		
110	伊佐里が峠		
111	高峰峠		高峰峠通行不能
112	大内峠		
113	毛明峠		毛明峠脇表示
114	周東町獺越		
115	御上使峠		
116	葛峠		葛峠廃道
117	鬼石峠		
118	堀切峠		八代のツルおよび飛来地(特)
119	杉ケ峠		杉ケ峠隧道
120	津浦ケ峠		津浦ケ峠隧道
121	谷地峠		谷地峠トンネル
122	湯野峠		
123	柿ノ木峠		
124	沼田ケ峠		
125	野峠		
126	椿峠		
127	防地峠	山口県柳井	
128	笛吹峠		笛吹峠案内図
129	源明峠		源明山登山道
130	欽明路峠		欽明路峠隧道・日本百名峠
131	中峠		
132	廿木峠		

山口県〈132峠〉

NO	峠名	エリア区分	特記
17	金谷峠	山口県萩	金谷峠
18	カツエ坂峠		
19	サエガ峠		
20	鎖峠		
21	地蔵峠		
22	石畑峠	山口県美祢	
23	涼木峠		中国道脇
24	大ケ峠		大ケ峠隧道
25	中山峠		
26	尾坂峠		
27	大寧寺峠		
28	鍋提峠		
29	砂利ケ峠		
30	大笹峠		峠通行止・大笹隧道
31	粟野峠		
32	石峠		
33	白木峠		
34	城見坂		
35	大峠		
36	川棚越		
37	貴飯峠		
38	下峠		
39	鳥井ケ峠		
40	上峠		宇賀上峠トンネル
41	桜ケ峠	山口県山口	
42	荷卸峠		
43	松柄峠		中国道荷卸峠PA
44	仁保地峠		JR山口線横断橋
45	大峠		
46	明敷峠		明敷峠案内図・碑
47	油ノ峠		
48	地蔵峠		地蔵峠案内図
49	小吹峠		
50	日南瀬峠		
51	木戸峠		木戸山隧道
52	大峠		
53	枡谷峠		
54	野谷峠		
55	大通峠		
56	切通峠		
57	坂堂峠		
58	道祖ケ峠		
59	国木峠		
60	羽根越		羽根越通行止
61	二本木峠		
62	東中峠		
63	大日峠		
64	呑水峠		
65	桂坂峠		登山道通行不能
66	杉ケ峠		
67	雲雀峠		
68	笹目峠		
69	学ケ峠		
70	小野峠		
71	中山峠		
72	大平峠		
73	大水峠		峠登山道・大水峠トンネル
74	荒ケ峠		住友大阪セメントベルトコンベヤー上部
75	荒神峠		
76	鐙峠		
77	仏峠	山口県鹿野	
78	法事峠		
79	大峠		
80	木引峠		
81	熊坂峠		Y字路
82	小峰峠		

―四国エリア―

愛媛県〈121峠〉

NO	峠名	エリア区分	特記
1	大内峠	愛媛県しまなみ海道	大内トンネル
2	三村峠		
3	志津見峠		
4	江越峠		
5	名駒峠		
6	石ケ峠	愛媛県北条	Y字路
7	ウツバリ峠		ウツバリ峠
8	大明神峠		溜池上部
9	幸次ケ峠		エリエールGC松山上部
10	笹ケ峠		笹ケ峠祠
11	石打峠	愛媛県今治	脇に発電所
12	椎ノ木峠		脇に電波塔
13	さやの峠		現地の碑H230.5m
14	笹ケ峠		林道陣ケ森線起点
15	湯戸峠		峠廃道化断念
16	水が峠		水ケ峠トンネル
17	窓の峠		
18	堀切峠	愛媛県川之江	堀切トンネル・中央構造線
19	唐谷峠		国土地理院標記なし
20	境目峠		境目トンネル・徳島県境
21	芝ケ峠	愛媛県松山	南斜面果樹園棚田の上部
22	おそごえ峠		中央構造線
23	砥峠峠		
24	犬寄峠		犬寄隧道・碑
25	間戸峠		松山ロイヤルGC
26	杖立峠		中央構造線
27	鍛冶屋峠		
28	上尾峠		上尾第一隧道／二隧道
29	サレガ峠		伊予灘が望める
30	三坂峠		三坂第一トンネル・中央構造線
31	榎ケ峠		
32	小屋峠		
33	峠御堂	愛媛県石鎚山	峠御堂隧道
34	桧皮峠		中央構造線
35	梅ケ峠		松山道脇
36	笹ケ峠		中央構造線
37	窓峠		
38	黒瀬峠		案内図・中央構造線
39	黒森峠		
40	割石峠		
41	大峠		
42	札峠		
43	奥大野越		T字路
44	上林峠		上林トンネル・碑・祠
45	井内峠		峠急登り登山道200mで断念
46	白猪峠		林道終点より登山道
47	名野川越		高知県境
48	よさこい峠		よさこい茶屋・高知県境
49	シラサ峠		山荘しらさ・高知県境
50	菖蒲峠		菖蒲峠林道表示
51	大坂屋敷越	愛媛県大豊	敷越閉鎖・大永山トンネル
52	三ツ森峠		閉鎖峠立入禁止・高知県境
53	大田尾越		防災通行止
54	大峠		
55	郷ノ峰峠		郷ノ峰トンネル
56	大峠		楫摂地蔵菩薩・二十五番津照寺
57	赤良木峠		峠ゲート閉鎖・隧道
58	楢ケ峠		楢ケ峠案内図
59	赤荒峠		
60	鶴首峠	愛媛県八幡浜	鶴首峠断念
61	郷の峠		
62	耳取峠		耳取峠案内図
63	榎峠		
64	名坂峠		名坂隧道二本・歩行者トンネル

愛媛県〈121峠〉

NO	峠名	エリア区分	特記
65	瞽女が峠	愛媛県八幡浜	瞽女トンネル
66	高地ケ峠		
67	伊方越		
68	茅の峠		
69	宿名峠		
70	平石峠		電波塔有り・中央構造線
71	追俵峠	愛媛県大洲	追俵峠祠
72	猪の峠		林道永木高見線(終点)
73	鳥越		林道開設工事
74	鳥越峠		中央構造線
75	朝が峠		
76	石神峠		壷神林道・壷神神社参道
77	水の峠		水の峠廃道断念
78	刈屋峠		中央構造線
79	藤ケ峠		鳥獣供養塔
80	牛の峰峠		霧に包まれる
81	横野峠		
82	根元越峠		
83	境柱峠		境柱峠廃道断念
84	大佐礼峠		大佐礼隧道
85	下坂場峠		
86	今生坂峠		
87	真弓峠		真弓峠旧道口閉鎖
88	畑峠		
89	獅子越峠		SOL-FAオダスキーゲレンデ
90	笹峠		笹峠祠
91	三ケ峠		
92	峰峠		
93	泉ケ峠		坂本龍馬脱藩の道
94	耳取峠		坂本龍馬脱藩の道
95	石上峠		坂本龍馬脱藩の道
96	風峠		
97	並松峠		
98	水ケ峠		
99	荒間地		荒間地隧道
100	鳥坂峠		鳥坂隧道
101	昼夜峠		昼夜隧道
102	郷峠		
103	韮ケ峠		韮ケ峠碑
104	タイマツ峠	愛媛県宇和島	
105	鳥越峠		
106	法華津峠		法華津ずい道
107	野福峠		
108	羽子の木峠		
109	桜が峠		桜ケ峠トンネル
110	北谷越		北谷越祠
111	祓川峠		登山道・祓川トンネル
112	唐岩峠		唐岩峠工事標示
113	大茅峠		高知県境
114	桜峠		高知県境
115	大門峠		大門峠碑
116	杖峠		
117	市越		
118	梅ケ成峠	愛媛県津島	梅ケ成峠ゲート
119	地蔵峠		目黒隧道
120	大峠		大峠隧道
121	小岩道		電波塔

香川県〈26峠〉

NO	峠名	エリア区分	特記
20	中尾峠	香川県さぬき	中尾峠案内図
21	大坂峠		
22	日下峠		日下峠水準点
23	鵜峠		徳島県境・中央構造線
24	大坂峠		徳島県境
25	大坂越		
26	卯辰越		卯辰越祠

徳島県〈34峠〉

NO	峠名	エリア区分	特記
1	猪ノ鼻峠	徳島県池田	峠手前崩壊・猪ノ鼻トンネル
2	六地蔵越		香川県境・中央構造線
3	薬師峠		
4	東山峠		香川県境
5	寒風越		寒風越登山口
6	桟敷峠		日本百名峠
7	落合峠		
8	小鳥峠		小鳥峠地蔵尊
9	相栗峠		香川県境・中央構造線
10	曲突越	徳島県脇	曲突越閉鎖
11	梨ノ峠		梨ノ峠碑
12	堀割峠		中央構造線
13	寒風峠		寒風峠廃道化
14	東山峠		畜産農家の行き止まり
15	焼野峠		国土地理院標記なし
16	立見峠		立見峠バス停
17	杖立峠		電波塔あり
18	旭丸峠		国土地理院標記なし
19	鶴峠	徳島県徳島	二十番鶴林寺
20	矢筈峠	徳島県祖谷	国土地理院標記なし
21	見ノ越		見ノ越隧道
22	駒背越		駒背越隧道・高知県境
23	四ツ足堂		四ツ足峠トンネル・高知県境
24	寒葉坂	徳島県剣山	
25	土須峠		神山役場情報
26	川成峠		通行止め
27	日奈田峠		
28	美杉峠		美杉峠三角点
29	信義峠		信義峠祠
30	十二弟子峠		十二弟子トンネル
31	星越峠		峠登山道・星越トンネル
32	星越	徳島県日和佐	星越トンネル
33	由岐坂峠		由岐トンネル(国道55)
34	伊座利峠		伊座利峠神社

高知県〈45峠〉

NO	峠名	エリア区分	特記
1	大峠	高知県久万	森林管理道星ケ窪大峠線終点
2	石神峠		鳥形山隧道脇
3	矢筈峠		矢筈トンネル
4	生え越		
5	地芳峠		地芳トンネル
6	ほうじが峠		
7	水が峠		
8	猿丸峠		猿丸峠墓
9	赤土峠		赤土隧道・歩道トンネル
10	桐ノ峠		道の突き当たり
11	水ノ峠		
12	大峠		峠登山道
13	姉背峠	高知県高知	
14	仏峠		仏峠祠
15	西分峠		神田トンネル
16	白土峠		ヘアピンカーブ
17	佛瀬越		
18	網川越		網川トンネル
19	椎野峠		
20	小坂峠		
21	根曳峠		
22	鳥越峠	高知県安芸	龍河洞トンネル
23	鳥越		陸上自衛隊高知駐屯地
24	カブリ石峠		
25	安場坂		
26	文代峠		国土地理院標記なし
27	記念坂		
28	宝蔵峠		伊尾木林道／張川林道
29	吹越峠	高知県宍喰	
30	猪ノ峠		猪ノ峠トンネル・国土地理院標記なし
31	元越		
32	四手峠	高知県檮原	三島トンネル
33	河原越		河原越隧道
34	七子峠		七子峠碑
35	焼坂峠		焼坂トンネル
36	笹の越		笹の越隧道
37	春分峠		国土地理院標記なし
38	大越峠		維新トンネル
39	野越		野越トンネル
40	当別峠		当別隧道・当別峠トンネル
41	杓子峠	高知県窪川	
42	屋敷峠		屋敷峠標示
43	興津峠		興津坂トンネル・祠
44	熊越	高知県宿毛	熊越脇林道
45	船ケ峠		船ケ峠五社神社

香川県〈26峠〉

NO	峠名	エリア区分	特記
1	吉津峠	香川県観音寺	
2	加嶺峠		
3	詑間峠		
4	詑間越		詑間越大山祇神社
5	鳥坂峠	香川県坂出	鳥坂まんじゅう店
6	大日峠		三豊市境・仏舎利
7	麻坂峠		菩薩様
8	樅の木峠		
9	馬背峠		小学校前
10	首切峠		
11	仏坂峠		仏坂峠地蔵尊
12	峰堂峠	香川県さぬき	峰堂峠祠
13	天野峠		
14	小方峠		
15	小田峠		小田峠祠
16	羽立峠		
17	相地峠		
18	折返峠		折返峠六地蔵
19	額峠		国土地理院標記なし

—九州エリア—

福岡県〈82峠〉

NO	峠名	エリア区分	特記
65	猿懸峠	福岡県黒木	猿懸峠案内図
66	小栗峠		小栗峠碑
67	柏木峠		柏木峠地蔵様
68	深倉峠		
69	首石峠		峠廃道・首石トンネル
70	荒平峠		
71	星原峠		
72	根引峠		
73	黒松峠		黒松峠登山道
74	陣床峠		黒松峠と林道で連結
75	鹿牟田峠		
76	一石峠		一石峠碑
77	太郎浦峠		太郎浦トンネル
78	立原峠		立原峠林道開通記念碑
78	石建峠		県道廃道状態
79	竹原峠		竹原峠トンネル・大分県境
80	宿ケ峰尾峠		宿ケ峰尾不動明王・熊本県境
81	穴川峠		熊本県境
82	兵戸峠		兵戸トンネル・熊本県境

佐賀県〈29峠〉

NO	峠名	エリア区分	特記
1	暮浦峠	佐賀県前原	国土地理院標記なし
2	長野峠	佐賀県唐津	
3	観音峠		
4	荒川峠		
5	荒谷峠		女岳登山道口
6	白木峠		福岡セヴンヒルズGC脇
7	夕日峠		
8	笹原峠		笹原トンネル
9	浪瀬峠		
10	八幡岳峠		
11	駒鳴峠		
12	七曲峠	佐賀県久留米	全面通行止・福岡県境
13	椎原峠		ゲート3.7km・福岡県境
14	小爪峠		気象レーダー・福岡県境
15	板屋峠		
16	小笠木峠		セブンミリオンCC脇
17	三瀬峠		三瀬トンネル・福岡県境
18	向合(観音)峠		祠・三瀬牧場(どんぐり村)
19	大内峠		
20	境峠		
21	大峠		
22	名尾峠		
23	女山峠	佐賀県武雄	女山トンネル
24	戸坂峠		
25	越ノ峠		越ノ峠案内図
26	俵坂峠		
27	鳥越峠		鳥越トンネル
28	平原峠		平原峠地蔵様
29	鈴木峠		花祭GC

長崎県〈24峠〉

NO	峠名	エリア区分	特記
1	椋呂路峠	長崎県平戸	
2	刀ノ越		刀ノ越神社
3	福井峠		北松やまびこロード交差点
4	大塔峠		
5	大越		
6	江里峠		
7	明星峠	長崎県佐世保	
8	嘘越		嘘越バス停
9	妙観寺峠		妙観寺トンネル・バス停
10	江里峠		
11	冬越		大亜15年
12	宇土越		

福岡県〈82峠〉

NO	峠名	エリア区分	特記
1	赤木峠	福岡県宗像	赤木CCの脇
2	猿田峠		グローバルアリーナ脇
3	地蔵峠		
4	垂見峠		
5	見坂峠		九州自動車道陸橋
6	サヤ峠	福岡県北九州	
7	七ツ石峠		
8	鹿喰峠		鹿喰隧道・採石場
9	小井藤峠		
10	京都峠		京都トンネル・採石場
11	金辺峠		金辺隧道・トンネル
12	櫨ケ峠		櫨ケ峠隧道
13	ハザマ峠		旧道
14	財ノ峠		
15	上ノ越		
16	山田峠		
17	笹ケ峠		工業団地の一角
18	犬鳴峠	福岡県福岡	犬鳴隧道閉鎖・新犬鳴トンネル
19	猫峠		猫峠碑
20	八木山峠		日本百名峠
21	ショウケ越		
22	米ノ山峠		
23	冷水峠		冷水トンネル・日本百名峠
24	萩ノ原峠		油山市民の森
25	飯場峠		曲渕ダム水源管理道路ゲート
26	糸島峠		
27	日向峠		法面崩落保護工事中
28	立石峠	福岡県飯塚	
29	猪藤峠		
30	鳥尾峠		
31	笠松峠		近畿大学口交差点
32	五徳越峠		三ノ岳脇
33	白坂峠		
34	旧八丁越		新八丁越(国道322西側)
35	百谷峠		
36	雁田峠		
37	戸立峠		
38	野峠		野峠案内板
39	鉾立峠		峠登山道・鉾立トンネル
40	次郎坊峠		国土地理院標記なし
41	雁股峠	福岡県中津	大入隧道
42	嘉麻峠	福岡県日田	
43	大藪峠		
44	芝峠		
45	薬師峠		薬師峠ゲート
46	かんかけ峠		黒木側通行規制
47	善院越		尾根を対面に電波塔が
48	合瀬耳納峠		合瀬耳納峠地蔵
49	牛鳴峠		鷹取山登山口
50	合坂		
51	田ノ口峠		
52	虹峠		大分県境
53	田代峠		
54	大山峠		
55	中山峠		先は廃道
56	斫石峠		斫石トンネル
57	金剛野峠		土被りはほとんどない・県境
58	乙舞峠		
59	ガラメキ峠		
60	大石峠		大石峠隧道崩落・奥耶馬トンネル
61	上内峠	福岡県柳川	
62	八角目峠		大間山脇
63	矢部谷峠		矢部谷峠碑
64	桜峠		

宮崎県〈70峠〉

NO	峠名	エリア区分	特記
16	長野峠	宮崎県北川	長野トンネル
17	黒土峠		古戦場跡（小さな手作り表）
18	赤松峠		
19	宗太郎越		
20	不土野峠	宮崎県椎葉	熊本県境・不土野峠碑
21	おとう越		猪ゲート閉鎖
22	松本越		
23	桂峠		
24	中村峠		中山トンネル
25	尾崎峠		
26	大河内越		九州大学宮崎演習林
27	飯干峠		西郷隆盛退軍之路碑
28	国見峠		国見トンネル
29	万寿峠		
30	六方ケ辻		（高峠）
31	みそ谷越		南郷神門
32	鷲の巣峠		
33	槇の越		
34	喜蔵立越		喜蔵立越林道表示
35	はみの峠		
36	粕野峠		
37	小太ケ墓峠		村道106坂元諸塚線
38	宇納間越		吉野宮神社
39	柳の越分岐		秋政展望台
40	猿越分岐		猿越公園
41	松の越		松の越山瀬川側
42	はやま峠	宮崎県延岡	はやま峠町道表示
43	しおり越		荒れている
44	中山峠		日本百名峠
45	柿ノ木田越		柿ノ木田越
46	松瀬越		北方GC
47	和田峠		和田越トンネル
48	湯山峠	宮崎県西米良	熊本県境・日本百名峠
49	横谷峠		横谷トンネル・熊本県境
50	鉢の窪峠		（ひむか神話街道）
51	渡川越		竹ノ野トンネル
52	茶屋越		茶屋越トンネル
53	槙鼻峠		樫葉自然環境保全地域
54	五郎ガ越		林道空野・五郎ケ峠線（終点）
55	日平越		民有林林道米良・椎葉線
56	井戸内峠		石堂山Bコース
57	尾股峠		
58	小屋町峠	宮崎県都農	
59	大戸越		春山林道経由
60	久七峠	宮崎県えびの	久七トンネル・鹿児島県境
61	境野峠	宮崎県西都	
62	輝嶺峠		
63	軍谷峠		軍谷隧道・新軍谷隧道
64	奈佐木峠		合流点
65	大戸野越	宮崎県都城	
66	堀切峠	宮崎県宮崎	堀切峠トンネル
67	鏡洲峠		（飫肥街道：日向街道）
68	椿山峠		（飫肥街道：日向街道）
69	越路峠	宮崎県日南	
70	鼻切峠		鳶ケ岡林道起点

熊本県〈62峠〉

NO	峠名	エリア区分	特記
1	二重峠	熊本県山鹿	交通量が意外と多い
2	俵山峠		俵山トンネル
3	吉次峠		
4	高群越	熊本県阿蘇	
5	箱石峠		大草原
6	西山峠	熊本県熊本	
7	樫永峠		
8	万坂峠		万坂隧道
9	打越峠		打越隧道

長崎県〈24峠〉

NO	峠名	エリア区分	特記
13	大山口越	長崎県佐世保	
14	満場越		
15	但馬越		
16	鵜渡越		扶老坂標記
17	横尾峠	長崎県西彼	横尾峠案内図
18	仁田峠		
19	松ノ頭峠	長崎県大村	松ノ頭トンネル
20	扇塚峠		
21	大越		
22	鈴田峠		鈴田峠PA
23	滑石峠	長崎県野母崎	滑石トンネル・廃道旧道高架橋
24	吹越	長崎県島原	吹越

大分県〈35峠〉

NO	峠名	エリア区分	特記
1	地蔵峠	大分県国東半島	地蔵トンネル
2	金ケ峠		
3	水谷峠		
4	犬鼻峠		
5	走水峠		走水トンネル
6	桜峠	大分県耶馬渓	桜峠トンネル
7	鼻操峠		峠口登山道・はなぐりトンネル
8	鼻弁礼峠		
9	城ケ谷峠	大分県別府	
10	チシャノ峠		
11	立石峠		
12	亀石峠	大分県湯布院	熊本県境・国土地理院標記なし
13	柴やかた峠		
14	牧ノ戸峠		阿蘇くじゅう国立公園
15	三尾越		三尾越廃道化藪濃ぎ状態
16	本峠		藪濃ぎ状態の廃道化・本峠トンネル
17	金口峠		
18	竹本越		藪濃ぎ状態の廃道登山道
19	水分峠		水分隧道
20	御所峠	大分県大分	CYCLO TOURIST 日本の峠百選
21	再進峠		
22	九六位峠		自衛隊建設道路・中央構造線
23	鳥越峠		
24	鳥越		
25	四辻峠		リゾート館休館・中央構造線
26	大峠		大峠トンネル・中央構造線
27	師田ノ木峠		師田ノ木峠バス停・中央構造線
28	津井越	大分県津久見	津井トンネル
29	三国峠	大分県三重	三国トンネル・市指定史跡
30	梅津越		宇目小国大規模林道
31	杉ケ越		杉ケ越トンネル・宮崎県境
32	榎峠		旧榎隧道・榎トンネル
33	水越峠		水越隧道
34	見明峠		宇目・直川なかよしトンネル
35	石神峠	大分県佐伯	播磨谷林道・宮崎県境

宮崎県〈70峠〉

NO	峠名	エリア区分	特記
1	うつきが原越	宮崎県高千穂	
2	岩戸越		岩戸坂トンネル
3	道元越		四季見原キャンプ場
4	崩野峠		崩野隧道・五ケ所高原トンネル
5	黒原越		黒原越案内図
6	高森峠		高森隧道・高森峠隧道
7	中坂峠		九州自然歩道（阿蘇くじゅう国立公園）
8	長谷峠		南阿蘇城が岳森林公園
9	杉が越		諸塚山林道
10	笹が越		諸塚山林道
11	日諸峠		諸塚山林道合流点
12	津花峠		津花トンネル・中央構造線
13	大石越		
14	小原井峠		祝　小原井五ケ瀬線開通碑
15	大切峠	宮崎県北川	

僕がまわった峠リスト 九州エリア

鹿児島県〈37峠〉

NO	峠名	エリア区分	特記
12	耳取峠	鹿児島県国分	
13	伊作峠	鹿児島県鹿児島	
14	牛根峠	鹿児島県垂水	野牟田ふれあいの森案内板
15	高峠		高峠公園
16	秋目島	鹿児島県野間岬	
17	今藤峠		
18	耳取峠	鹿児島県枕崎	耳取峠展望所
19	峯尾峠		
20	鳥越		鳥越隧道
21	木床峠		通行止の為下から
22	手哀峠		インターチエンジ
23	川辺峠		高架合流点
24	美濃峠	鹿児島県串間	内之浦宇宙空間観測所
25	荷辛路峠	鹿児島県開聞岳	
26	大内山峠	鹿児島県佐多岬	
27	笹原峠		九州自然歩道道標
28	新田峠		新田トンネル
29	屋入峠	鹿児島県奄美大島	国土地理院標記なし
30	本茶峠		本茶トンネル・本茶峠緋寒桜
31	名瀬峠		名瀬隧道・朝戸トンネル
32	和瀬峠		和瀬隧道・新和瀬トンネル
33	網野子峠		網野子トンネル
34	地蔵峠		地蔵トンネル
35	今里峠		奄美大島サンセットリロード観光案内図
36	大熊峠		奄美カントリークラブ脇
37	長雲峠		

熊本県〈62峠〉

NO	峠名	エリア区分	特記
10	婆婆神峠	熊本県熊本	
11	花立峠	熊本県本渡	
12	吹の峠		
13	茶屋峠		茶屋峠地蔵堂
14	猿越道		猿越道松浦側
15	勘太郎峠		
16	鷹林峠		採石場跡地
17	十星峠		皇太子殿下□降誕記念碑
18	長平越		長平越隧道
19	松の本峠	熊本県八代	
20	小鳥越		
21	二弁当峠		二弁当隧道・二弁当トンネル
22	草積峠		天草上島中央広域農道橋
23	柿塚峠		栖本トンネル
24	竹之内峠		
25	芥子の峠		
26	鳥越		
27	鶴口峠		
28	鷹口峠		
29	赤松太郎峠		赤松隧道・採石場跡地
30	大通越	熊本県五木	大通トンネル
31	馬石峠		
32	三本木峠		
33	ばんさん越		宮崎県境・国土地理院標記なし
34	河内谷越		ゲート通行止
35	肥後峠		ゲート通行止
36	白蔵越		緑資源幹線林道
37	白蔵峠		九州自然歩道
38	石楠越		泉五木トンネル
39	二本杉峠		二本杉峠通行止
40	朝日峠		
41	八久保峠	熊本県牛深	広域林道本渡大江線合流点
42	松塚峠		
43	首越峠		唐崎トンネル
44	辰ケ越		
45	念仏峠		途中路面崩落二ヶ所有り
46	阿津木峠		道路交通省整備中
47	鳥越		鳥越
48	立原峠		
49	鳥越		大多尾峠道
50	萩の越峠	熊本県水俣	芦北海浜総合公園脇
51	佐敷太郎峠		佐敷トンネル
52	猫越		
53	福浦越		
54	宮崎越		
55	槻木峠	熊本県人吉	槻木峠トンネル
56	アポロ峠		アポロ峠由来の記
57	柳野越		緑資源幹線林道・地蔵堂
58	段の峠		
59	鍋割峠		
60	矢筈越		
61	赤松峠		赤松峠
62	温迫峠		夫婦岩林道

鹿児島県〈37峠〉

NO	峠名	エリア区分	特記
1	矢筈峠	鹿児島県出水	
2	柴尾峠		柴尾隧道
3	堀切峠		柴尾山林木遺伝資源保存林
4	横座峠		横座峠トンネル
5	山田峠	鹿児島県川内	
6	阿母峠		
7	入来峠		
8	新留峠		新留トンネル
9	霧島峠	鹿児島県国分	国土地理院標記なし
10	亀割峠		九州自然歩道道標
11	霧桜峠		池之段隧道

中川健一（なかがわ・けんいち）

1948年、東京生まれ。峠研究家。國學院大學法学部卒業。建築・土木資材メーカーの岡部株式会社に入社し、営業として活動する。建築技術を一から学び始め一級建築士を初めとして、国家資格及び準国家資格を取得し、文系出身の技術者としての道を歩み始める。2008年より峠めぐりを始め、10年間で全国2954の峠を制覇した。

※峠に関する歴史、逸話などに関しては、峠の案内板、地元の教育委員会による案内板などを参考にさせていただきました。この場をお借りして御礼申し上げます。

峠を旅する完全ガイドブック!

全国2954峠を歩く

発行日　2018年8月17日　第1刷

著　者　中川 健一

発行者　清田 名人

発行所　株式会社 内外出版社
〒110-8578　東京都台東区東上野2-1-11
電話03-5830-0237（編集部）
電話03-5830-0368（販売部）

印刷・製本　中央精版印刷株式会社

ISBN 978-4-86257-391-9